AF320587

CONSTANTIN T. TATOVICI

DOCTEUR EN DROIT
DE L'UNIVERSITÉ DE PARIS

LES EMPRUNTS

DE

L'ÉTAT ROUMAIN

PARIS

BONVALOT-JOUVE, ÉDITEUR

15, RUE RACINE, 15

1906

Les Emprunts de l'Etat Roumain

INTRODUCTION

La Roumanie est née à la civilisation moderne ;
elle forme aujourd'hui un Etat, pourvu d'une complète unité morale et géographique ; si son passé est
tout récent, elle peut concevoir les espérances d'un
vaste avenir : cette double considération explique
que son crédit, peu solide au début, se soit rapidement développé. Une nation qui vient de se former,
voisine de cet Orient dont le nom seul engendre une
défiance instinctive, entourée de convoitises, n'inspire guère de confiance aux capitalistes.

Il a fallu à nos gouvernements beaucoup de per-
sévérance pour vaincre ces sentiments. Guidé par
une extrême loyauté, ayant à cœur d'assurer une
sage gestion des finances de l'Etat, il peut maintenant émettre des rentes amortissables. Jamais il n'a

employé la pratique déplorable de l'emprunt patriotique ni des contributions forcées. Son crédit s'affirme
davantage tous les jours.

Les emprunts auxquels la Roumanie a recouru lui
étaient indispensables. L'impôt n'aurait pu fournir
des ressources suffisantes pour construire un réseau
étendu de chemins de fer, pour accorder à l'agriculture et au commerce un large essor. Les capitaux
que nous nous sommes procurés n'ont pas été dila-
pidés en gaspillages, mais employés à des œuvres
utiles, vraiment productives. Et nous étudierons, à
mesure que nous ferons l'exposé de nos emprunts,
le développement parallèle de notre richesse. Ce sera
la meilleure réponse à adresser aux théoriciens qui
ont critiqué la pratique de l'emprunt. Celle-ci ne doit
pas en effet être irréfléchie, et les prodigalités qui con-
duiraient à l'accroissement continu de la dette
seraient tout à fait blâmables ; mais, chez nous, il en
va tout autrement. Nous n'avons eu recours à l'emprunt sous formes de rentes perpétuelles qu'inci-
demment. Il est vrai que notre crédit ne nous per-
mettait guère ce moyen. Un État qui vient de se cons-
tituer n'offre pas les mêmes garanties de durée qu'un
organisme ancien, dont les générations se relient les
unes aux autres à travers les âges par des chaînons
solides et dont la population, ayant reçu un héritage
commun de souvenirs, de peines et de joies, est for-
tement cimentée en un bloc inaltérable. Pourtant

parfois le bloc s'effrite. Des haines lézardent l'édifice élevé par les siècles. Une certaine indolence, née de l'oubli des dangers qui jadis ont fait frémir la nation, endort le patriotisme, et il arrive que les vieux Etats ont de dangereuses somnolences. Nous autres, tout vibrants de foi patriotique, aimant notre chère liberté affranchie du joug turc, nous ne connaissons pas ces défaillances, et nous sommes vraiment un tout, qui n'a subi aucune désagrégation.

D'autre part, n'ayant pas un long passé à traîner, nous n'avons pas à en assumer les charges. En revanche, de plus gros sacrifices immédiats étaient rendus indispensables par la nécessité de parvenir rapidement à la vie économique. Aussi le besoin du crédit s'imposait à nous. S'il nous avait été impossible de gagner la confiance des capitaux, ou si des crises trop lourdes nous avaient empêché de tenir nos engagements, notre pays eût été frappé d'une ruine certaine ; nous aurions croupi dans une pauvreté voisine de la misère, et notre existence n'aurait été qu'une lente agonie. Heureusement, les faits se sont passés d'une toute autre manière. Nous avons réussi à nous procurer de l'argent, et rien n'arrêtera plus désormais, il faut l'espérer, la marche ascendante de notre pays vers la richesse et le progrès.

Nos emprunts ont servi à des entreprises productives, et c'est là leur justification, ainsi que leur utilité. Routes, voies ferrées, ponts ont été construits. Un port sur la Mer Noire a été creusé. L'agriculture a été encouragée par la création de fermes-modernes, pour répandre dans le pays la pratique de la culture intensive, selon les méthodes scientifiques les plus modernes.

Si nous n'avions pas derrière nous de passif, nous étions également dépourvus d'actif. Les capitaux mobiliers nous faisaient défaut. C'est pourquoi nous fûmes contraints de nous adresser à l'étranger. Cette nécessité des capitaux étrangers qu'on ne pouvait éviter est mauvaise pour nous. Notre indépendance est amoindrie du fait d'un lourd tribut à payer au dehors ; mais aujourd'hui nous commençons à racheter nos rentes, et il faut souhaiter qu'avec l'accroissement progressif de notre fortune elles se placeront peu à peu chez nous. L'exemple historique des autres nations nous porte à le croire. C'est ce qui s'est produit en France et en Italie. Dans ce premier pays, l'emprunt des 3 milliards a compté 934.000 souscriptions, dont 107.000 à l'étranger, et, en capital, les souscriptions étrangères ont dépassé les souscriptions nationales (26 milliards contre 18 environ). En Italie, dont l'avenir politique présentait, au lendemain de son unification, les plus grands risques, les deux tiers de la dette italienne provinrent d'abord de capitaux étrangers, tandis qu'aujourd'hui un quart seulement des arrérages est payé hors du royaume à des porteurs étrangers.

L'inconvénient qui résulte de ce drainage annuel au profit de l'étranger pour le service de la dette a une contre-partie qui en corrige un peu le côté désastreux : c'est de laisser dans le pays des capitaux de placement utilisés à des emplois industriels. Ainsi, en Roumanie, de nombreuses sociétés se sont fondées pour l'exploitation du pétrole. Elles doivent répondre d'un capital minima de 3 millions. Leur extension a été considérable depuis quelques années, et il n'est pas douteux que l'exploitation des gisements pétrolifères est appelée à se développer et à enrichir beaucoup notre pays.

En résumé notre situation financière, sans être parfaite, ne doit pas donner lieu à un pessimisme exagéré. Nous devons considérer que la plupart des grands travaux ont été effectués, et que l'amortissement, étant entré dans les habitudes budgétaires, diminuera le montant de notre dette, tandis que l'accroissement de la richesse publique la ramènera à l'intérieur du pays.

Au cours de l'année 1905, l'annuité de la dette a dépassé la somme de 82 millions sur un budget de plus de 234 millions, ce qui fait une proportion d'un peu plus du tiers, tandis qu'en France elle n'est pas très loin de 40 o/o (1), et qu'en Espagne et en Italie

------

1. Cauwès. *Cours d'économie politique,* 1893.

elle est aussi forte. A ce point de vue, notre dette n'a donc rien d'exagéré, et nous n'avons pas à redouter le sort de ces Etats obérés, comme la Turquie, où des commissions financières se sont installées pour surveiller de près la gestion des deniers publics.

De ces derniers Etats, on peut dire qu'ils ont perdu une certaine partie de leur indépendance, le jour où ils ont été contraints à subir le contrôle d'une commission internationale qui réduit selon son bon plaisir les crédits prévus par le budget. En Turquie, sur un budget de 5oo millions, le service des emprunts, avant les réductions opérées par la Commission financière chargée du règlement (1875) prélevait 35o millions, soit 70 o/o. En Egypte, le service des différentes dettes absorbe encore la moitié des recettes normales.

Il est assez piquant de noter en passant que la Roumanie, l'ancien vassal, jouit d'un crédit sérieux et gère sagement ses finances, tandis que le suzerain, la Turquie, est dans la situation des vieillards qui ont besoin d'un conseil pour administrer leurs biens.

Nous avons d'autant plus à nous en féliciter que la perte de l'indépendance financière est quelquefois le prélude de celle de l'indépendance territoriale, et qu'aujourd'hui les questions financières ont pris une importance primordiale. Comme le disait M. Léon Say en parlant de la France : « Il faut tout sacrifier à l'intérêt de nos finances, car si elles étaient détruites, notre pays serait réduit au rang des dernières puissances. »

Nous sommes loin du temps où les rois n'empruntaient que comme de vulgaires particuliers et se soumettaient aux exigences d'usuriers cosmopolites. Le budget des Etats modernes est devenu une lourde machine aux rouages complexes. Les emprunts en rentes perpétuelles ou amortissables sont pratiqués par toutes les nations. Il faut des capitaux pour assurer le fonctionnement économique du pays ; il en faut aussi pour préparer la guerre et réaliser une paix durable. De nos jours, les gros banquiers sont des puissances avec lesquelles même les rois et les empereurs doivent compter. Sans leur participation il devient difficile de résister à l'ennemi pourvu de gros capitaux. Ils dirigent la presse, et l'opinion influencée par la voie des journaux. Ils peuvent préparer une campagne militaire, et ce n'est pas douteux que la guerre du Transvaal, que la reine Victoria ne voulait pas, a été en grande partie leur œuvre.

Pour toutes ces raisons sur lesquelles nous n'avons pas l'intention d'insister davantage, ce qui nous entraînerait trop loin, nous croyons qu'un Etat moderne ne peut parvenir à l'économie complexe des nations plus anciennes sans faire appel à l'emprunt, et que cette pratique ne saurait qu'être louée pour peu qu'elle fût accomplie avec mesure et discernement. A cet égard, il nous semble que la Roumanie, sauf quelques réserves que nous ferons, a d'une façon générale employé judicieusement ses crédits, et que, grâce aux sommes d'argent qu'elle a obtenues par le moyen de l'emprunt, elle peut compter maintenant sur d'heureuses destinées.

Première Partie

HISTORIQUE DES EMPRUNTS ROUMAINS

CHAPITRE I

Historique financier de la Moldo-Valachie jusqu'en 1859

Avant 1859, la Roumanie était divisée en deux pays : la Valachie et la Moldavie, tous les deux placés sous la suzeraineté de la Turquie.

Jusqu'en 1830, l'arbitraire le plus odieux régna en matière financière, tant dans la fixation des impôts que dans la manière de les recouvrer ; et cet arbitraire n'était qu'un des vices dont étaient frappées les deux principautés.

Les coups d'Etat qui se répétaient presque périodiquement tous les deux ou trois ans par le changement des princes (Voevod), apportaient les plus grandes perturbations dans l'organisme de l'Etat.

Les finances publiques souffraient beaucoup de cette anarchie. Les princes, convoitant la possession de la Moldavie et de la Valachie, versaient beaucoup d'argent entre les mains du Sultan, suzerain de ces deux pays. Une fois installés, ils fixaient des impôts très lourds en argent et en nature qui pesaient d'autant plus sur la masse que leurs libéralités envers la Porte avaient été plus grandes. Il a fallu une énorme force de résistance au peuple roumain pour subir un tel régime et se développer au milieu d'une pareille anarchie. Les contribuables ne savaient jamais en effet à l'avance quels impôts ils devraient acquitter ni à quelle époque. Souvent, sur l'ordre du prince, ces derniers étaient doublés ou même décuplés dans la même année. En 1759, sous le règne du Scarlat Ghika, ils furent encaissés douze fois en Valachie (1).

----

1. Général de Bauer. *Mémoire historique et géographique de la Valachie.* Francfort, 1788.

Malgré l'immense fertilité des terres, on se demande comment les paysans pouvaient supporter des taxes aussi élevées, établies d'une façon malhonnête et servant à couvrir des dépenses révoltantes, car les trois quarts des revenus du pays passaient en des mains étrangères, et consistaient en présents donnés au Sultan et en traitements accordés à des fonctionnaires turcs. Le reste était pris par le prince, et rien n'était réservé pour les besoins du pays.

Le nombre des impôts créés par les différents princes était considérable ; aucun principe financier ne présidait à l'établissement des taxes, qui n'étaient payées que par les paysans. Les nobles, ou boyards, en étaient exempts. On se préoccupait peu de ne pas ruiner les forces productives de la nation. On prenait brutalement le plus d'argent possible des poches du contribuable, sans aucune considération économique.

A partir de 1830, les deux principautés sont occupées militairement par la Russie, qui élabore une constitution appelée le « Réglement organique ». La réforme financière, introduite par ce règlement, est d'une réelle importance. D'une part, mettant en pratique ce principe de la science financière moderne que l'impôt doit être déterminé et recouvré à des époques fixes, il a réduit l'innombrable quantité des impôts existants, et a fixé le montant de la cote personnelle de chaque contribuable. Mais d'un autre côté, il a continué à exempter la classe noble du paiement de l'impôt direct, si bien que la société roumaine resta partagée en deux castes bien distinctes : l'une ayant tous les droits et l'autre toutes les charges. L'impôt ne fut pas consenti par une représentation vraiment nationale, mais par les représentants d'une minorité. Les boyards seuls pouvaient occuper les fonctions publiques, être électeurs et éligibles à l'assemblée (Adunarea Obsteasca).

En résumant l'œuvre financière réalisée par le règlement organique, on voit qu'il a été créé deux sortes d'impôt direct : la capitation et la patente. Ceux-ci formaient les principales ressources ; ils produisaient plus des deux tiers du revenu total en Moldavie et la moitié en Valachie.

En second lieu, on établit un petit revenu des domaines, qui en Valachie n'atteignait que le seizième du revenu total du pays, et en Moldavie dépassait faiblement le huitième.

On garda quelques impôts indirects qui existaient auparavant, tels que les douanes et le revenu des mines de sel.

Ces impôts devaient faire face à tous les besoins des principautés qui, pour citer l'année 1831, s'élevèrent à 7.767.149 francs. Les revenus ont doublé en 28 ans selon une progression constante. En Moldavie, l'augmentation fut un peu plus sensible qu'en

Valachie ; pourtant, durant toute cette période, on ne prit aucune mesure pour favoriser le développe-ment économique du pays. Les dispositions du règlement organique ne subirent aucune modification. Ce furent les impôts directs qui rentrèrent le plus régulièrement, car les impôts indirects étaient sujets à toutes sortes de fluctuations, qui causaient parfois les déficits budgétaires. Pour les combler, on avait recours à de nouvelles taxes : on ajoutait des dixièmes à la capitation et aux patentes.

En 1848, une révolution éclata, qui eut pour effet d'empêcher le recouvrement régulier des impôts. On remédia à cette gêne temporaire par un emprunt à court terme. Des bons du Trésor furent souscrits. La dette s'éleva à la somme de 7.061.500 francs (*Bulletin officiel de Roumanie*, n° 14 du 27 mars 1853). Elle fut réduite la même année à la somme de 2.503.720 francs et au commencement de l'année 1855, une partie était encore remboursée et le gouvernement ne devait plus que 1.716.000 francs ; mais à peine avait-il liquidé la situation ancienne que les opérations de la guerre de Crimée et l'invasion du territoire par les armées étrangères l'obligèrent à émettre de nouveaux bons du Trésor. La dette publique atteignit en Valachie le montant de 9.625.365 francs, et en Moldavie celui de 2.586.720 francs (*Bulletin officiel de Roumanie*, n° 17, février 1856).

CHAPITRE II

Historique à partir de l'Union jusqu'à l'Indépendance

C'est en 1859 que l'unification des deux principautés a été réalisée par la double élection des 5 et 25 janvier du prince Alexandre Cuza ; ce fut l'origine de la Roumanie moderne. Aujourd'hui tous les citoyens sont égaux devant la loi et soumis aux mêmes impôts ; il ne subsiste plus de privilèges ni de différences de classes. La Roumanie est entrée dans une ère nouvelle. Le rêve de tous les Roumains est devenu une réalité : ils ont acquis l'unité nationale.

A partir de ce moment, une forte dépense d'énergie a été déployée. De grands travaux publics ont été faits. Après un instant d'hésitation, où le pays était pour ainsi dire suspendu entre le passé et l'avenir, l'organisation financière s'est effectuée, d'abord len-

tement, puis plus rapidement. Au début il y avait en
effet de grosses difficultés à vaincre ; deux assem-
blées coexistaient encore : l'une à Bucarest et l'autre
à Iassy, ainsi que deux ministères et deux budgets.
Le prince Cuza et les hommes d'Etat des deux principautés faisaient tous leurs efforts pour cimenter
l'union politique et administrative. Les budgets
étaient presque toujours en déficit, et l'assemblée
ne parvenait jamais en temps utile à voter le budget, si bien qu'on laissait survivre pour l'année courante le budget de l'année précédente, quoique les
dépenses augmentassent sans cesse. Il en résultait
un désordre déplorable dans les finances.

En décembre 1863, une loi fut votée et promul-
guée qui sécularisa les biens des monastères et les
fit rentrer dans le patrimoine de l'Etat. Les revenus
de ces richesses qui étaient alors de 15 millions
furent attribués au budget de l'Etat. On contracta à
Londres un emprunt appelé « Emprunt Stern »,
avec la banque ottomane et les frères Stern pour
dédommager les monastères. Ceux-ci refusant d'accepter les ressources qui leur étaient offertes, elles
furent employées à combler le déficit budgétaire.

Cet emprunt a été contracté le 12 août 1864. Il
était remboursable en vingt-trois ans ; s'élevait à
un capital nominal de 316.000 livres sterling ou
22.889.487 fr. 03, mais le capital effectif versé n'atteignit que la somme de 17.797.921 francs. L'an-

nuité était de 2.062.600 francs. Avec les dépenses de change, commissions et de transmission d'annuités à Londres, elle atteignit la somme de 2.124.236 fr. 65. Le taux d'émission était de 78.45 o/o, avec un intérêt de 7 o/o, ce qui faisait un intérêt réel de 11. 56 o/o.

Le deuxième emprunt, négocié en 1864, eut pour objet la construction de dix-neuf ponts de fer. Il s'élevait à 12.027.285 francs, et était amortissable en seize ans et trente-six jours par une annuité de 1.443.274 francs.

Le troisième fut émis en 1864 pour la construction du chemin de fer de Bucarest à Giurgiu pour un capital nominal de 13.755.000 francs, amortissable en dix ans par une annuité de 2.010.000 francs.

En 1866, un groupe d'hommes d'Etat forma une conspiration qui aboutit à l'abdication du prince Cuza ; et, par le plébiscite du 8 avril 1866, le prince Charles de Hohenzollern fut élu à l'unanimité. Il accepta le trône qui lui était offert.

Cette agitation politique amena un déficit budgétaire, qu'on combla au moyen d'un emprunt négocié à Paris dans des conditions désastreuses le 12-24 octobre de la même année avec la maison de banque Oppenheim et Compagnie de Paris. Le capital nominal était de 31.610.500 francs, et le capital effectif de 18.500.000 francs, remboursable en vingt-trois ans. On fit une avance au gouvernement roumain de 5 millions pour faire face aux dépenses urgentes. L'intérêt était de 8 o/o, auquel il faut joindre une commission de 1 1/2 o/o sur le capital effectif de 18.500.000 francs, pour les frais de transport et de change ; une provision de 1/2 o/o pour le service de la transmission des annuités, et un droit de courtage de 3/4 o/o. L'annuité qui comprenait l'intérêt et l'amortissement se montait à la somme de 3.115.197 fr. 70. Le taux d'émission était de 63, 25 o/o; l'intérêt réel, vraiment usuraire, atteignit le chiffre de 16,36 o/o. Le gouvernement avait déjà essayé de contracter deux emprunts en Allemagne ; les offres lui avaient paru si désavantageuses qu'il les avait repoussées ; mais la nécessité le contraignit enfin à accepter ces conditions, si dures qu'elles fussent, dans l'absence de propositions meilleures.

En 1868, l'Etat roumain accorda la concession de la ligne de chemin de fer Suceava-Roman-Iassy à une compagnie privée, la compagnie Offenheim, qui fut chargée de la construction et obtint le monopole de l'exploitation. Des obligations furent émises par la compagnie, et l'Etat roumain se porta garant du paiement aux obligataires d'un intérêt de 7, 50 o/o. Le capital nécessaire à la construction s'éleva à la somme de 51.535.640 francs.

Une autre concession pour la ligne Verciorova-Pitesti-Bucarest-Roman fut donnée à un banquier allemand, le docteur Stronsberg. L'intérêt était également garanti à 7,50 o/o, et le montant du capital de construction s'éleva à 248.130.000 francs.

Les dépenses de l'Etat roumain, causées par la garantie d'intérêt, dépassèrent 10 millions ; les ressources budgétaires étaient insuffisantes à les couvrir ; d'autre part, le budget de 1870 présentait un déficit de 10.108.626 fr. 05 ; les bons du Trésor en circulation atteignaient le chiffre de 32.181.805 francs ; le Trésor était à découvert envers la Caisse des dépôts pour une somme de 11 millions ; il existait une dette vis-à-vis de la Banque de Roumanie d'un million et demi. En résumé la dette flottante était de 57.431.589 fr. 80. Il fallait liquider la situation. On aurait pu augmenter l'impôt foncier, puisque la propriété foncière avait retiré un bénéfice spécial de la construction des lignes de chemin de fer ; mais le gouvernement préféra, pour combler le déficit, procéder par voie d'emprunt. Au milieu de l'année 1871, il déposa au Parlement un projet de loi, afin d'obtenir l'autorisation de contracter un emprunt pour une somme de 78 millions (loi du 22 juin 1871), au moyen d'obligations hypothécaires sur le domaine de l'Etat. Cet emprunt est connu sous le nom d'Emprunt domanial. Les obligations furent émises au taux de 75 o/o, avec un intérêt de 8 o/o ; elles étaient amortissables en vingt ans. Pour assurer le succès de cet emprunt, on hypothéqua 381 fermes d'Etat spécifiées dans un tableau annexé à la loi.

Cet emprunt fut couvert dans le pays et produisit la somme de 58 millions et demi.

En 1872, 3.770.215 francs de nouvelles obligations furent mis en circulation pour la construction d'une ligne de chemin de fer de Iassy à la frontière russe (Ungheni).

La même année, une avance de 9.985.320 francs fut faite au Dr Stronsberg afin d'assurer l'exploitation de la ligne Verciorova-Bucarest ; elle fut fournie par un emprunt à la Caisse des dépôts et consignations au taux de 7 1/2 o/o.

Trois ans plus tard, la même Caisse consentit un prêt de 300.000 francs à l'Etat roumain pour la réparation du Théâtre national.

La situation financière ainsi réglée fut peu après troublée à nouveau. En 1874, un projet d'emprunt déposé au Parlement ne reçut pas l'approbation du Corps législatif ; mais, l'année suivante, il fut impossible d'équilibrer le budget. Le déficit était de 5.708.033 francs. Le gouvernement ne proposa pas de nouveaux impôts, mais encore un nouvel emprunt de 29 millions, pour mettre fin à cette situation et pour assurer la défense nationale (loi du 6 mars 1875).

Cet emprunt fut émis en rentes perpétuelles, l'intérêt était de 5 o/o et le taux d'émission 65 o/o. La valeur nominale de l'emprunt atteignit la somme de 44.600.000 francs et le produit effectif, celle de 28.990.000 francs.

En somme, de 1862 à 1876, aucun budget ne fut bouclé avec des ressources vraiment réelles ; on procéda toujours par voie d'expédient. La seule année où il y eut un excédent (1863), ce dernier ne fut qu'apparent, puisqu'il était dû à un emprunt. En outre, le déficit alla toujours en augmentant. Dans la période de 1862-1866, s'il ne dépassait pas la somme de 44.271.781 francs ; dans la période de 1866-1871, il s'éleva au chiffre de 52.930.986 francs, et dans les cinq années suivantes, à celui de 65.735.545 francs.

CHAPITRE III

L'Ère moderne depuis l'Indépendance roumaine

Depuis plus de cinq siècles la Roumanie souffrait du joug turc qu'elle supportait avec peine ; ses fréquentes révoltes avaient toujours été impuissantes. En 1859, l'unité avait été réalisée, mais les Roumains ne possédaient pas encore la liberté vers laquelle tous leurs efforts étaient tendus. Dès qu'éclata la guerre entre la Russie et la Turquie, la Roumanie y prit part et ne tarda pas à proclamer son indépendance. Celle-ci fut reconnue officiellement par les puissances au congrès de Berlin de 1878. Elle resta une principauté jusqu'en 1881. Cette année-là, le prince Charles de Hohenzollern fut proclamé roi sous le nom de Charles Ier.

Pour couvrir les frais de guerre, un emprunt de 26.260.000 francs fut négocié auprès de la banque. On émit du papier monnaie, qui fut gardé jusqu'en 1889.

En 1880-1881, intervint une réforme financière très heureuse, afin d'empêcher à l'avenir les déficits et les expédients pour les couvrir, que nous avons vus précédemment. Jusqu'à cette époque, le budget de l'année suivante devait être voté avant le 1er janvier ; mais, en fait, cette date arrivait avant que le Parlement eût terminé la discussion. Le budget de l'année précédente servait alors de modèle pour l'année présente. Il en résultait de nombreuses inexactitudes et un manque complet de sincérité. Des dépenses imprévues se présentaient. On devait y faire face par des lois ultérieures ; mais, le plus souvent, l'inertie et la mauvaise volonté des députés en empêchaient le vote. Bref le budget n'avait aucune précision. On recourait alors aux bons du Trésor, et, chaque année, la dette flottante allait en grandissant, jusqu'au jour où on procédait à une consolidation par l'émission d'un nouvel emprunt.

En 1880-1881, on décida de mettre un terme à ces pratiques financières déplorables. On fit partir du mois d'avril le commencement de l'année budgétaire. Ce système était pratiqué depuis longtemps en Angleterre, en Allemagne et au Danemark. L'année budgétaire ne commence même qu'en juillet aux Etats-Unis, en Espagne, en Italie et au Portugal. Nous nous étonnons que la France n'ait pas adopté ce régime et fasse presque tous les ans l'emploi fâcheux des douzièmes provisoires. Leur abus a pour effet de fournir un budget plus apparent que sincère. Quand le chiffre des douzièmes grossit, par suite de la longueur des discussions, il se trouve, chose surprenante, que l'importance des résolutions prises diminue parallèlement, puisqu'on a recours au budget de l'année antérieure pour les mois de retard. En somme, c'est la mauvaise pratique que nous avons signalée en Roumanie. Nous nous félicitons que notre pays ait eu la sagesse de remédier à cette habitude regrettable.

Une loi du 11 avril 1880 approuva une convention du 8 mars précédent intervenue entre le ministre des Finances et la direction de la Caisse des dépôts, aux termes de laquelle l'intérêt de 7 1/2 o/o, servi pour la dette du Trésor, fut réduit à 5 o/o. Un amortissement de 2 o/o fut en outre prévu, si bien qu'au lieu de verser une annuité de 748.900 francs sans amortissement, on n'eut plus à payer que 698.972 francs avec amortissement en trente-deux ans.

Cette année-là fut créée la Banque nationale, qui devait donner un grand essor au commerce et à l'industrie (loi du 17 avril 1880).

C'est à cette époque qu'il fut procédé au rachat des chemins de fer. Le Dr Stronsberg, concessionnaire, s'était rendu coupable de détournements. Il n'avait pas remis aux ingénieurs les titres qui lui étaient donnés pour acquitter les travaux. Le gouvernement roumain décida que les possesseurs des titres formeraient une société par actions, mais que la garantie d'intérêt devait être convertie de 7 1/2 à 4 o/o. Cette mesure amena les réclamations de l'Allemagne qui s'adressa à La Porte et obtint gain de cause.

L'Etat roumain résolut en 1880 de racheter les chemins de fer. Il commença par la ligne qui avait été concédée à Stronsberg et qui appartenait maintenant à la Société des Actionnaires. Sa longueur était de 919 kilomètres. Elle avait été concédée pour quatre-vingt-dix ans à partir du 1er juillet 1871, jusqu'au 1er juillet 1961. Les frais de construction avaient atteint 248.130.000 francs, ce qui faisait 270.000 fr. par kilomètre. L'Etat proposa de prendre à sa charge l'exploitation et l'administration, ainsi que de procéder au remboursement du capital de construction. La Société des Actionnaires avait émis trois sortes de titres à des intervalles différents :

1° Des actions primitives au début de la construction, se montant à 245.160.000 francs ;

2° Des actions de priorité en 1873 pour continuer la construction. Elles étaient privilégiées, et le paiement des intérêts passait avant celui des actions primitives. Elles s'élevaient à 48.290.062 francs ;

3° Des obligations à 6 o/o (*Schuldverschreibungen*), en 1876, afin d'achever la construction. C'était réellement une dette des actionnaires primitifs et de priorité.

De 1871 à 1880, on a amorti la somme de 1.868.250 francs sur les actions primitives et 405.562 fr.50 sur les actions de priorité. Le total des actions en circulation était donc de 291.176.250 fr.

Afin d'effectuer le rachat, l'Etat roumain convertit les titres des actionnaires primitifs en obligations d'Etat 6 o/o. Pour cent actions, on donnait soixante obligations. Quant aux actions de priorité, pour cent actions on versait cent trente-trois obligations.

Les actionnaires primitifs recevaient de la sorte 145.975.050 francs en obligations d'Etat à la place de leurs anciens titres, et les actionnaires de priorité, 63.846.000 francs ; ce qui faisait un total de 209.821.050 francs. Afin de hâter la rentrée des titres, des primes de 2 o/o étaient offertes aux actionnaires primitifs, et de 2 1/2 o/o aux actionnaires de priorité.

Le gouvernement demanda pour ces opérations d'émettre un emprunt en obligations d'Etat 6 o/o d'une valeur de 237 millions et demi. Ce dernier devait servir à couvrir les dépenses suivantes :

209.821.050 francs pour l'échange des actions primitives et de priorité ;

5 millions pour le paiement des primes ;

2.678.950 francs pour les dépenses d'échange ;

20 millions pour l'amélioration du réseau.

Le Parlement ratifia ce projet et chargea de le réaliser M. Kalinderu qui s'acquitta de ses fonctions délicates avec beaucoup d'habileté et de succès. Les avantages que l'Etat roumain a retirés du rachat sont considérables. Avant le rachat, il était tenu de payer annuellement une somme de 18.609.750 francs comme intérêts aux actionnaires à 7 1/2 o/o, et une somme de 248.130 francs pour l'amortissement.

Après cette opération, il n'avait plus à donner qu'une annuité qui varia de 15.981.400 francs à 17.611.890 francs et qui était payable pendant quarante-quatre ans, délai beaucoup plus court que celui de quatre-vingt-dix ans stipulé primitivement. En outre le montant de la dette, contractée pour les chemins de fer, subissait une réduction appréciable puisqu'il tombait de 248.130.000 francs à 217 millions et demi.

Enfin, il faut tenir compte des bénéfices éventuels que l'Etat pourrait un jour réaliser dans l'exploitation des chemins de fer.

En 1880, l'Etat, en dehors de cette opération, a effectué la conversion des obligations rurales. Celles-ci ont été émises en application de la loi rurale avec un intérêt de 10 o/o. Elles ne constituaient pas une dette de l'Etat, qui n'était que le garant des paysans auxquels des terres furent vendues en 1864. L'Etat se chargea d'encaisser par le Comité de liquidation de ses obligations rurales les

sommes que les paysans étaient tenus de verser et
veilla à ce que ces obligations fussent amorties dans
le délai de vingt-cinq ans stipulé par la loi rurale.
Ce délai prenait fin le 23 avril 1880 ; mais à cause
de la guerre, le tirage de 1877 ayant été ajourné, les
obligations ne furent totalement amorties que le
23 avril 1881. Avant que les deux derniers tirages
aient été opérés, comme les paysans n'auraient pu
acquitter leurs versements, l'Etat roumain se trouvait dans l'alternative ou d'ajourner d'un an le tirage
de 1880 et 1881, ce qui aurait fait baisser le cours de
ses obligations, ou de prendre cette dette à sa charge
en la convertissant et d'opérer lui-même ultérieurement la perception à l'égard des paysans. Il s'est
décidé pour le second parti, d'autant plus que ces
obligations rurales étaient cotées au-dessus du pair
et que la conversion présentait les meilleures chances de succès. En conséquence, de nouveaux titres
furent émis en échange des obligations rurales de
10 o/o pour une valeur nominale de 31.600.000 francs
avec un intérêt de 6 o/o. Ils étaient amortissables en
quarante-quatre ans. On laissait la liberté à ceux qui
n'acceptaient pas la conversion d'obtenir le remboursement de leurs obligations au taux nominal.
On donnait à ceux qui s'y soumettaient de nouveaux titres, en les faisant bénéficier d'une prime
de 2 o/o. L'emprunt fut émis dans le pays, au taux
de 84 francs, et l'annuité inscrite au budget de la

dette publique s'élevait à 2.047.894 francs, payable en deux semestres : le 1er mai et le 1er novembre de chaque année. On porta dans l'actif budgétaire les sommes qu'on encaissa des paysans.

La troisième conversion fut celle de l'Emprunt domanial de 78 millions, contracté en 1872 avec un intérêt de 8 o/o. Au moment de la conversion qui eut lieu en 1881, on avait déjà procédé à des amortissements annuels, et la dette n'atteignait plus que le chiffre de 56.022.000 francs. La loi du 8 avril 1881, qui autorisa la conversion en 5 o/o de ces obligations, décréta en même temps un nouvel emprunt destiné à couvrir le déficit budgétaire qui était de 31.077.726 francs, et à faire face aux dépenses causées par la création d'une nouvelle ligne de chemin de fer Ploesti-Predeal, qui se montaient à la somme de 34.350.351 francs. Cela faisait donc un total de 121.450.077 francs. On émit alors des titres de rentes 5 o/o d'une valeur nominale de 148.200.000 francs au taux de 82 et amortissables en quarante-quatre ans. Les porteurs dès anciennes obligations domaniales bénéficiaient encore de leur coupon de 4 o/o pour le mois de juillet et d'une prime de 2 o/o ; les porteurs de bons de Trésor profitaient également de cette prime.

La quatrième conversion fut celle des obligations des chemins de fer 6 o/o (*schuldverschreibungen*) en obligations 5 o/o. En rachetant les chemins de fer, l'Etat roumain dut prendre à sa charge le service de ces obligations, mais se réserva la faculté de les rembourser avant terme, conformément à l'article 9 de la convention de 1880. Ces obligations s'élevaient à la somme de 47.532.000 francs. Comme en 1880 on a amorti un peu plus de 3 millions, les opérations de la conversion portèrent donc sur 44.102.125 fr. Afin de la réaliser, l'Etat émit des obligations 5 o/o pour une valeur nominale de 47.948.000 francs, amortissables en dix-huit ans. L'annuité était de 4.099.150 francs au lieu de 4.167.130 francs qui étaient payés avant la conversion.

En 1881, l'Etat roumain conclut un arrangement avec la direction de la Caisse des dépôts ; à laquelle nous avons vu précédemment qu'il avait emprunté une somme de 9.985.320 francs à 7 1/2 o/o. Nous avons déjà dit qu'aux termes d'une convention du 8 mars 1880 intervenue entre les deux parties l'intérêt avait été réduit à 5 o/o ; l'année suivante, d'un commun accord, l'intérêt subit une nouvelle réduction à 3 1/2 o/o. L'annuité, qui était de 748.900 francs, fut abaissée à 525.000 francs.

Toutes les conversions que nous venons d'examiner ont procuré à l'Etat une diminution dans les annuités, s'élevant à la somme de 10.305.224 francs, ainsi qu'il résulte du tableau suivant :

Emprunts	Annuités avant la conversion	Annuités après la conversion
Garantie d'intérêts à la Société des actionnaires Roman-Verciorova................	18.857.880	14.679.250
Obligations Chemins de fer 6 o/o........................	4.167.130	4.099.150
Emprunt à la Caisse des dépôts de 1872	748.900	525.000
Emprunt domanial...........	8.000.000	
Annuités de la ligne Bucarest-Predeal....................	2.529.390	8.422.000
Intérêts de la dette flottante de 31.077.726 francs calculés d'après les intérêts payés en 1876.......................	3.729.324	
Total..............	38.030.624	27.725.400

— 10.305.224

La nation roumaine prit dès cette époque un
rapide essor, auquel contribuèrent beaucoup la
création de la Banque nationale, le rachat des chemins de fer et l'établissement d'institutions de crédit foncier, urbain et rural. Tandis que, sous la
domination turque, la Roumanie ne jouissait que
d'un crédit très limité et avait toujours été obligée
d'émettre des emprunts sous la seule forme d'obligations, à partir de 1881, il lui fut possible de recourir au procédé de la rente, qui est celui des Etats
modernes. On n'employa que le système de la rente

amortissable, et non celui de la rente perpétuelle. L'amortissement fut établi par tirage semestriel.

Désormais on sépara nettement les dépenses extraordinaires des dépenses ordinaires, et le ministre des Finances groupa sous un seul chapitre les dépenses extraordinaires pour lesquelles avaient été autorisées les émissions de rente.

Il n'était pas toujours possible et il ne convenait pas au Trésor, pour toute dépense extraordinaire, de se procurer des ressources par des émissions de rente; on recourait alors au système suivant : pour ces travaux-là, les dépenses nécessaires étaient avancées sur le budget ordinaire de l'Etat.

Si la somme dépensée avait été assez importante et que sa restitution au budget ordinaire devînt urgente, on était obligé de procéder à une émission de bons du Trésor pour trois à six mois, afin de couvrir la somme dépensée ainsi qu'une partie des dépenses à venir.

A mesure qu'avançaient les travaux, les dépenses augmentaient et les bons du Trésor s'accumulaient dans la même proportion. Il arrivait un moment où il devenait indispensable de procéder à une émission de rente suffisante pour couvrir les bons du Trésor déjà émis, et pour procurer au Trésor les ressources utiles à la continuation des travaux, si bien qu'en définitive on réalisait les emprunts toujours après l'achèvement des travaux. En reculant autant que possible la pratique des bons du Trésor et le recours à la rente, et en se servant du budget ordinaire pour payer les frais occasionnés par les travaux, on faisait une économie d'intérêts à payer et on diminuait ainsi la charge de ces travaux.

Même en fait, les sommes provenant de l'émission des bons du Trésor ne servaient pas au paiement des travaux extraordinaires. Elles étaient déposées chez les banquiers et étaient utilisées pour le service des annuités de la dette publique, dont la charge incombait théoriquement au budget ordinaire. En revanche, on employait les ressources ordinaires pour acquitter le montant des travaux extraordinaires. Ces expédients étaient motivés par le souci d'éviter un transport coûteux de numéraire.

De 1881 à 1886, de grands travaux furent opérés ; le réseau des chemins de fer fut complété ; on construisit d'importantes fortifications et des édifices publics.

Les crédits accordés aux différents ministères pendant cette période se répartirent de la façon suivante :

Ministères des Travaux publics........	226.850.582 fr. 59
— des Finances...............	103.422.582 fr. 67
— de la Guerre...............	82.200.102 fr.
— de l'Instruction publique...	37.253.202 fr. 81
— des Domaines..............	9.364.484 fr. 92
— de l'Intérieur	7.283.248 fr. 74
— de la Justice	5.200.000 fr.
Total...........	471.574.203 fr. 73

On émit pour 308.525.000 francs de titres de rentes, qui ne produisirent en capital effectif que 271.450.059 fr. 63. En 1887, il restait un excédent de dépenses qui se montait à 10.360.522 francs ; il fut acquitté par de nouvelles émissions de rentes faites au cours des deux années suivantes.

Voici dans quel ordre ont été effectués les emprunts durant cette époque, et ce qu'ils ont produit :

Années	Capital nominal	Cours d'émission	Intérêts	Produit net
1881-1882	148.200.000	82	5	121.523.690 fr.
1882-1883	4.000.000	90	»	3.600.000 fr.
» »	4.325.000	92.50	»	4.000.625 fr.
» »	25.000.000	90	»	23.032.211 fr. 36
1883-1884	3.000.000	94	»	22.962.257 fr. 10
» »	22.000.000	90.50	»	
» »	18.000.000	90.50	»	16.781.468 fr. 30
1884-1885	11.949.000	93.52	»	11.511.489 fr. 60
1885-1886	12.000.000	92.80	»	11.039.528 fr. 52
» »	2.474.500	92.02	»	2.277.104 fr. 90
» »	10.576.500	93.71	»	9.911.706 fr. 25
» »	25.000.000	93	»	23.388.498 fr. 60
1886-1887	15.000.000	93.25	»	13.845.480 fr.
» »	7.000.000	94	»	6.580.000 fr.
Total...	308.525.000			271.454.059 fr. 63

Pendant ce même laps de temps, plusieurs emprunts ont été contractés à la Caisse des dépôts, nécessités par des besoins urgents : en 1882-1883, on emprunta 1.137.590 francs pour l'achat de maïs à distribuer aux paysans ; en 1886, 1.288.174 francs pour couvrir les frais occasionnés par l'établissement du monopole des allumettes et des cartes à jouer ; et, la même année, 1.542.705 francs, afin de réparer les chemins dégradés par les inondations ; en 1887, 4.493.247 francs pour couvrir le déficit de l'exercice 1885-1886 ; et, la même année, 1.068.219 fr. pour le rachat des fabriques d'allumettes. Tous ces emprunts ónt été unifiés en 1889, formant un total de 13.303.526 francs.

Si les recettes ont été en croissant durant cette période, en revanche les dépenses ont suivi une progression constante, en partie causée par le change défavorable.

Les frais produits par la transmission des annuités de la dette publique à l'étranger, de 300.000 fr. se sont élevés à 7 millions en 1888-1889, ce qui grossissait de 12 o/o les charges annuelles de l'Etat. Par ce tableau que nous reproduisons, on se rendra compte de cette augmentation :

Années	Annuités de la dette publique	Frais occasionnés par le Cours du change	La proportion pour o/o
1881-1882	47.261.230	505.000	1.06
1882-1883	44.768.931	690.000	1.54
1883-1884	47.400.188	947.000	1.99
1884-1885	48.820.163	1.310.000	2.68
1885-1886	49.862.672	2.266.500	4.54
1886-1887	52.974.509	4.572.450	8.63
1887-1888	54.677.213	6.733.900	12.31
1888-1889	59.052.144	6.962.805	11.79

Il fallait trouver un moyen pour remédier à cette situation, car non seulement le budget de l'Etat s'en ressentait, mais encore ces fluctuations paralysaient les transactions commerciales.

La première mesure prise par le gouvernement a été de retirer en 1889 le papier monnaie. A cet effet, un emprunt de 32 millions et demi fut émis dans le pays en rentes amortissables, portant un intérêt de 4 o/o. La somme réalisée s'éleva à 26.260.000 francs, montant du papier monnaie qui était alors en circulation.

La seconde réforme, prise le 12 mars 1890, a été de substituer au bimétallisme, le monométallisme or. Le ministre des Finances obtint un crédit de 12 millions pour liquider le stock des pièces d'argent de 5 francs et frapper de la monnaie d'or.

Le cours du change s'est relevé grâce à ces mesures. Les frais de transmission des annuités ont subi en conséquence une décroissance progressive, et sont tombés en 1895 à 320.000 francs.

Le crédit de l'Etat s'est trouvé consolidé ; les transactions commerciales se sont rapidement développées. Le cours des titres a très vite haussé, ainsi qu'il résulte de ce tableau :

Années	Rente perpétuelle	Rente amortissable	Obligation rurale	Obligation urbaine	
	5 o/o	5 o/o	6 o/o	7 o/o	5 o/o
1887	92	93.50	92.50	104	88.25
1888	96	96.25	99.25	104.50	94.25
1889	99.25	97.75	101.50	102.75	92.25
1890	102	100.75	101	101.75	95.75

C'est cette hausse qui a permis d'opérer en 1890 une nouvelle conversion des obligations des chemins de fer 6 o/o en rentes amortissables 4 o/o, dix ans après la première conversion de 7 1/2 o/o en 6 o/o que nous avons indiquée précédemment. Le capital nominal a été augmenté de 36.875.000 francs. Des titres de rente 4 o/o ont été émis pour un capital nominal de 274.375.000 francs.

La somme effective produite, a atteint le chiffre de 231.160.937 fr. 50, le taux d'émission étant de 84,25 o/o.

La réalisation des grands travaux publics s'est continuée jusqu'en 1897 par la construction de neuf lignes de chemins de fer, d'un pont sur le Danube et de nouvelles fortifications, ainsi que par la création du port de Constantsa.

En l'année 1887-1888, on émit pour 28 millions de rentes amortissables 5 o/o en trois émissions successives ; l'une de 3 millions et les deux autres de 12 millions et demi chacune. Leur taux d'émission respectif fut de 94, 93, 50 et 89,50.

En 1888, on émit 100 millions de rentes au taux de 89 ; en 1890, 50 millions de rentes amortissables 4 o/o au taux de 83 ; en 1891, 45 millions 4 o/o au taux de 83,75 ; en 1892-1893, 75 millions de rentes amortissables 5 o/o en quatre émissions successives ; de 161.000 francs au taux de 100 ; de 37 millions et demi au taux de 94, 50 ; de 15.339.000 francs au taux de 94, et de 22 millions au taux de 93,75 ; en 1893-1894, 50 millions en rentes amortissables 5 o/o en trois émissions ; de 85.500 francs au taux de 100, de 24.914.500 francs au taux de 92, et de 25 millions au taux de 94, 50 ; en 1894, 6 millions et demi au taux de 100 ; en 1895, 120 millions en rentes amortissables 4 o/o en trois émissions ; de 60 millions au taux de 82 ; de 30 millions au taux de 81 ; et de 30 millions au taux de 82,25 ; en 1896, 90 millions en rentes amortissables 4 o/o au taux de 84 ; et en 1898, 180 millions en rentes amortissables 4 o/o au taux de 83,50.

Tous ces emprunts se groupent en plusieurs séries sous deux types de rentes, le type 5 o/o et le type 4 o/o.

Le dernier emprunt n'a pas seulement servi à couvrir les frais de construction, mais aussi à opérer la conversion des obligations rurales 6 o/o, de la rente perpétuelle 5 o/o, et de 37.470.000 francs de rentes amortissables 5 o/o.

Bref, à partir de l'année 1881, où l'Etat roumain a commencé d'émettre des rentes amortissables, jusqu'en 1898, on a émis des rentes amortissables 5 o/o et 4 o/o pour une valeur nominale de 980.525.000 fr. dont le produit net fut de 864.792.577 fr. 80. Il faut ajouter à cette somme 5.254.355 francs restitués au Trésor par les maisons de crédit agricole, qui furent également employés au paiement des travaux publics. Ces derniers s'élevant à un total de 933.943.612 francs, il restait donc encore dû 63.896.679 francs sur l'exercice 1889-1890, il se produisit en outre un déficit de 43.362.200 francs. Telle était la situation budgétaire le 30 septembre 1900. Le gouvernement émit alors un emprunt de 175 millions en bons du Trésor 5 o/o. Le Syndicat des banquiers allemands prit ferme 75 millions et le reste fut coté à la Bourse de Paris. Le cours d'émission était de 91 o/o, moins 1 fr. 50 o/o pris à titre de commission par les banquiers, soit 89 fr. 50 o/o. Le capital devait être remboursé au bout de cinq ans, c'est-à-dire le 1er décembre 1904. Le produit effectif s'éleva à 155.793.760 fr. 80 . Par la convention passée avec le Syndicat, le gouvernement s'engageait à ne pas contracter d'autre emprunt pendant ces cinq années, et annula même des crédits qui avaient été votés pour la somme de 83 millions.

Ces exigences étaient causées par une crise financière que subissait l'Europe à ce moment, et la Roumanie avait d'autant plus besoin d'argent qu'en 1899 les récoltes agricoles avaient été très mauvaises et que les impôts étaient rentrés en deçà des prévisions budgétaires.

En 1900, l'Etat roumain affecta un titre de rente perpétuelle 4 o/o de 962.500 francs à l'entretien des écoles roumaines de Brasov ; ce qui faisait un revenu annuel de 38.510 francs.

L'emprunt de 175 millions en bons du Trésor, dont nous venons de parler, fut consolidé en un emprunt en rentes 5 o/o de 185 millions, amortissables en quarante ans. L'amélioration de la situation économique du pays eut pour résultat d'élever le cours des effets roumains et rendit possible cette consolidation. Cet emprunt de 185 millions valeur nominale en rente 5 o/o fut contracté avec un syndicat de banquiers composé des maisons :

Direction de Disconto-Gesellschaft.	
S. Bleichöder.	de Berlin.
Direction de Disconto-Gesellschaft, de Francfort.	
Comptoir national d'Escompte.	
Banque de Paris et des Pays-Bas.	
Société générale pour favoriser le développement du commerce et de l'industrie en France.	de Paris.
Banque nationale de Roumanie.	de Bucarest.
» générale roumaine.	

Le cours ferme pour l'emprunt fut de 95 1/2 o/o,

avec une déduction de 1 1/2 o/o pour frais de publicité, courtage, timbre et autres droits de bourse, en un mot pour couvrir toutes les dépenses occasionnées directement ou indirectement par la vente des titres du nouvel emprunt et par les opérations de la conversion, ainsi que pour les frais de transport et de réception des titres du nouvel emprunt 5 o/o et ceux de remboursement des bons du Trésor.

Le solde en numéraire, disponible pour le remboursement des bons du Trésor en circulation, produisit, jusqu'à son emploi, un intérêt au profit de l'Etat de 1 o/o sous l'escompte officiel de la Banque impériale allemande, sans excéder 3 o/o par an.

Le ministère mit à la disposition du syndicat, à Berlin, tous les titres définitifs du nouvel emprunt, en prenant à sa charge les frais de confection de titres provisoires et définitifs.

Les bons du Trésor étaient remboursables au cours de 81 marks 35 par 100 francs.

Le syndicat prit ferme jusqu'à concurrence d'un capital nomimal de 110 millions et prit le reste à option pour le même cours, fixé jusqu'au 30 novembre 1903.

Le terme d'amortissement, fixé à quarante ans, était beaucoup plus bref que celui des émissions antérieures, généralement de quarante-quatre ans et même de soixante ans.

Les banques sus-mentionnées participèrent à la confection du contrat, sans être solidaires entre elles, dans les proportions suivantes :

Direction de Disconto-Gesellschaft de Berlin pour	35.61 o/o
Maison de banque S. Bleichröder » »	23.74 o/o
Direction de Disconto-Gesellschaft de Francfort »	5.55 o/o
Comptoir national d'Escompte de Paris »	9.70 o/o
Banque de Paris et des Pays-Bas »	10.20 o/o
Société générale pour favoriser le développement du Commerce et de l'Industrie en France »	3.60 o/o
Banque nationale de Roumanie »	8.64 o/o
» générale de Roumanie »	2.96 o/o
TOTAL	100 o/o

Avant le terme prévu par la convention, dès le 21 février 1903, le syndicat se résolut à l'option. Le produit net réalisé sur cet emprunt atteignit le montant de 174.823.399 fr. 63 ; le reste, jusqu'à 185 millions, fut obtenu par des ressources ordinaires.

Lors de la mise en application du budget de l'exercice en cours 1905-1906, la dette de la Roumanie, non encore amortie, s'élevait au chiffre de 1.359.925.235 fr. 40. Elle se subdivisait de la façon suivante :

En rente externe 5 o/o pour un capital nominal de :	608.052.000 fr.
En rente interne 5 o/o pour un capital nominal de :	5.898.000 fr.
En rente externe 4 o/o pour un capital nominal de :	664.647.500 fr.
En rente interne 4 o/o pour un capital nominal de :	26.399.600 fr.
En rente perpétuelle 4 o/o pour un capital nominal de :	962.500 fr.
TOTAL	1.305.959.600 fr.

Il faut ajouter à cette liste l'emprunt en obligations contractuelles pour la ligne Suceava-Roman-Iassy, formant le total de 5o.7o8.865 fr. 8o, et l'emprunt à la Caisse des dépôts de 1872 s'élevant à 3.258.769 fr. 6o, ce qui fait par conséquent 1.359.927.235 fr. 4o.

Seules, les rentes 5 o/o externes pouvaient se prêter à une conversion, et, parmi ces dernières, il n'y avait que celles qui dataient d'au moins dix ans, constituant la somme de 424.613.ooo francs.

Par une loi du 8-21 avril 1905, le Ministère des Finances fut autorisé à convertir au taux de 4 o/o, avec une durée d'amortissement de quarante ans, les emprunts suivants :

Rente 5 o/o amortissable de 1881-1888 nominal : 313.482.ooo fr.

»	»	1892	»	66.326.ooo fr.
»	»	1892	»	44.805.ooo fr.
		Total............		424.613.ooo fr.

Aux présentateurs des obligations 5 o/o, on devait accorder une soulte de conversion représentée par une certaine quantité de la nouvelle rente 4 o/o amortissable.

Le taux d'intérêt serait réduit à partir du 1er octobre 1905, et l'amortissement serait prorogé de quarante années à partir de la même date.

Les obligations converties seraient munies d'un estampillage correspondant.

Les titres estampillés reçurent de nouvelles feuilles avec des talons et 40 coupons payables le 1er avril et le 1er octobre de chaque année.

Les intérêts furent encore payés en 5 o/o pour la période du 1er juillet au 30 septembre.

Ces obligations estampillées restèrent à tout jamais exemptes de toute taxe de timbre ou autre impôt roumain. Le gouvernement s'obligeait à ne pas augmenter les tirages et à ne pas convertir à nouveau les obligations estampillées pendant dix ans à partir du 1er avril 1906.

Pour la bonne réussite de cette opération et en même temps pour couvrir d'autres dépenses, le gouvernement fut autorisé à émettre un emprunt de 100 millions, réparti en deux séries :

Série A : Capital nominal : 39.280.000 fr. pour couvrir le déficit antérieur, s'élevant à 17.092.722 fr. 50 pour combler l'insuffisance de crédits accordés pour la précédente conversion de 1903 et pour solder des dépenses d'armements. Le taux d'émission pour cette série fut de 87 francs.

Série B : Capital nominal : 60.720.000 francs.

Le dernier servit à payer la soulte aux détenteurs des anciens titres, ayant subi la conversion, et à acquitter les frais de timbre, de commission et de garantie envers le Syndicat des Banquiers. Ces dépenses se montaient à 14 fr. 30 par titre de 100 francs, dont 10 fr. 50 pour la soulte.

Les détenteurs de titres de rentes convertibles qui

n'acceptaient pas la conversion devaient les présenter au remboursement avant le 1er octobre 1905.

Le taux d'émission de cette série fut le même que pour la première.

Afin d'assurer le succès de la conversion et du nouvel emprunt, on s'adressa à la banque Disconto-Gesellchaft de Berlin, sous la direction de laquelle se constitua un syndicat de banquiers, non solidaires entre eux, dont chacun s'engageait dans les proportions suivantes :

Direction de Disconto-Gesellschaft	à Berlin	34.83 o/o
S. Bleichröder	à Berlin	28.22 o/o
Direction de Disconto-Gesellschaft	Francfort	5.45 o/o
Comptoir national d'Escompte à Paris	Paris	7.67 o/o
Banque de Paris et des Pays-Bas	Paris	7.67 o/o
Société générale pour favoriser le développement du Commerce et de l'Industrie en France	à Paris	7.67 o/o
Banque nationale de Roumanie	à Bucarest	8.64 o/o
Banque générale roumaine	»	4.84 o/o
Total		100 o/o

Nous venons d'exposer l'historique technique de cette importante conversion, qui a porté sur près d'un demi-milliard, et qui en Roumanie a donné lieu à beaucoup de critiques et de discussions passionnées, tant sur la question de légitimité que sur celle d'opportunité.

On a prétendu qu'en opérant la conversion l'Etat roumain avait manqué à ses engagements et n'avait pas tenu compte du tableau d'amortissement. En faisant cette critique, ces personnes semblent croire que le terme dans la rente amortissable est en faveur du créancier aussi bien que du débiteur.

Or une partie imposante de la doctrine et de la jurisprudence s'est ralliée à l'opinion adverse que le bénéfice du terme n'est que pour le débiteur (1).

Un jugement du tribunal de la Haute-Vienne a déclaré valable un remboursement anticipé d'obligations amortissables, en s'appuyant sur l'article 1187 du Code civil, d'après lequel le terme est présumé stipulé en faveur du débiteur, à moins qu'il ne résulte de la stipulation ou des circonstances qu'il a été convenu en faveur des créanciers, le tribunal prononça que le Département n'avait pas outrepassé ses droits en remboursant ses obligations avant le terme prévu par le tableau d'amortissement (20 juillet 1879. Sirey, 1880. 1. 109). De même, la Cour de Bordeaux a dans une affaire analogue adopté les mêmes considérants (21 août 1877).

Ils ont été également acceptés par la Cour de Bruxelles dans un arrêt du 26 avril 1893 (S. 1896. 4. 14), et devant le tribunal fédéral suisse, les 1er mars 1890 et 15 novembre 1895 (S. 1896. 1. 15).

En France des conversions d'obligations amortis-

---

1. Planiol, note dans Dalloz. 1892. 2. 169.

sables ont été opérées à plusieurs reprises. Une loi du 26 décembre 1890 ordonna le remboursement immédiat d'obligations du Trésor public émises en 1876 comme ne devant être amorties que par des tirages échelonnés sur une période de trente années.

Une seconde loi du 26 décembre 1892 a de même accordé la faculté à l'Etat d'aquitter sa dette envers la Société algérienne avant l'expiration des délais prévus.

Par conséquent, nous croyons que même dans le silence du contrat on peut trouver des arguments en faveur d'un remboursement anticipé des obligations amortissables ; or en Roumanie, une clause a été édictée, aux termes de laquelle l'Etat s'engage à ne pas convertir et à ne pas anticiper les tirages durant dix ans ; c'est donc qu'il se réserve implicitement la faculté de procéder à une conversion au bout de ce délai.

Le ministre des Finances, lors de la dernière conversion, a fait prudemment remarquer que la conversion ne portait que sur les titres émis depuis plus de dix ans ; et que pour les plus récents il respectait la convention.

L'Etat a donc usé d'une clause licite et acceptée des parties. Aucun doute ne doit subsister sur la régularité de l'opération. Celle-ci s'imposait d'autant mieux que le service des intérêts est une charge pesante pour la nation, et que c'est le devoir d'un bon gouvernement de chercher à la diminuer, si l'occasion favorable s'en présente. Il manquerait à ce devoir dans le cas où il continuerait par exemple d'acquitter des intérêts de 5 o/o quand le loyer de l'argent n'est plus que de 4 o/o.

Les prétentions abusives de quelques rentiers ne sauraient passer avant les droits légitimes de tout un peuple.

Un certain nombre d'auteurs se sont efforcés dans des brochures de démontrer le mauvais côté de cette conversion. La plupart cédaient à la passion politique ; d'autres étaient attachés à l'économie orthodoxe qui faussait leur jugement. Certes, ils convenaient bien que la charge de l'intérêt avait diminué, mais, d'autre part, ils disaient que, le capital de la dette ayant augmenté, l'avantage obtenu annuellement était payé trop cher par de très gros sacrifices.

Nous croyons qu'il ne faut pas s'arrêter à ces spéculations théoriques, et que nous sommes en présence d'un problème d'opportunité pratique. Envisageons donc successivement l'augmentation du capital et la diminution de l'intérêt, qui constituent les deux aspects de la question. Nous voulons démontrer que le bénéfice de la conversion n'a pas été si mince qu'on l'a entendu dire, et que, d'un autre côté, l'augmentation de la dette ne doit pas être considérée comme un sacrifice pénible pour la nation.

Avant la conversion, subsistaient deux types de rentes, des rentes 5 o/o et 4 o/o. Le taux de l'intérêt à 5 o/o était vraiment trop élevé pour la Roumanie qui avait toujours montré une rigoureuse exactitude dans le paiement des coupons et dont la richesse agricole et commerciale n'avait fait que croître depuis un certain nombre d'années. Ce loyer de l'argent était excessif et dépassait le loyer normal, selon lequel empruntent aujourd'hui les Etats modernes. Il varie de 3 o/o pour les Etats politiques, offrant un crédit de premier ordre, à 4 o/o pour les Etats, présentant des garanties de placement.

Dans cette dernière situation se trouvait alors le crédit de l'Etat roumain ; par conséquent, les détenteurs des anciens titres de rente ne devaient pas se prétendre lésés par la conversion de leurs titres en 4 o/o. La rente 5 o/o dépassait alors sensiblement le pair de quelques unités, de sorte que les calculs de parité auxquels on se livrait s'opposaient à la hausse du 4 o/o, qui n'était coté que 90. Il en résultait une atteinte au crédit public, à laquelle on devait remédier par une conversion, rendue possible par l'élévation des cours du 5 o/o.

Comme le 4 o/o n'était qu'à 90, on ne pouvait pas offrir aux porteurs de 5 o/o des rentes de 4 o/o. Ils n'eussent pas accepté la conversion dans de telles conditions et auraient tous demandé le remboursement : ce qui aurait été un échec complet. Il était donc nécessaire de leur accorder une soulte.

A cet effet, l'Etat roumain a été obligé de recourir à un emprunt de 60 millions ; d'où est provenue l'augmentation de sa dette, contre laquelle se sont élevées les critiques que nous avons plus haut rapportées.

Or une conversion avec soulte n'est pas nécessairement condamnable ; au contraire, elle peut être bonne dans certains cas. Des financiers et des juristes éminents en ont montré le bon côté. M. Alglave l'explique à son cours de la façon suivante : « Supposons, dit-il, qu'un Etat ait une dette qui soit un peu au-dessus du pair, du 4 o/o à 102 et du 3 o/o à 95 ou 97 ; ce 3 o/o ne peut monter, la comparaison avec le 4 o/o l'en empêchant ; il serait de bonne politique financière de faire disparaître le 4 o/o ; mais on ne peut offrir aux porteurs de 4 o/o un remboursement en 3 o/o, ce dernier étant au-dessous du pair. On a bien la ressource de créer du 3 1/2 o/o, puisque, le 3 o/o étant à 96, le 3 1/2 vaut théoriquement 96 + 1/6 de 96, c'est-à-dire 112. Assurément le 3 1/2 o/o vaut mieux que le pair, mais la réussite, le 4 o/o étant à 102, n'est pas absolument certaine, et il peut se faire qu'à la suite de l'opération il y ait beaucoup de rentes déclassées. De plus on ne résout pas toute la difficulté, car après la conversion ainsi faite, il y aura un fonds de 3 1/2 o/o qui aura l'action de frein exercéc par le 4 o/o sur le 3 o/o. Comme on veut faire disparaître le fonds supérieur, il faut chercher une autre combinaison.

On offre une rente 3 o/o aux porteurs de 4 o/o en leur donnant un capital un peu plus grand. Le 3 o/o est à 97 ; les porteurs de 4 o/o ont un capital nominal de 100 francs leur rapportant 4 francs ; on ne leur offre pas de les rembourser avec 3 francs de rente, c'est-à-dire avec un titre de 100 francs rapportant 3 francs ; on leur offre 110 francs de capital au taux de 3 o/o. Cent francs en 3 o/o valent 97 francs à la Bourse ; par conséquent 110 francs rapporteront 3,30 et seront cotés 97+9,70, c'est-à-dire 106,70 : ceci remplacera le 4 o/o dès porteurs coté 103 ou 104.

Cette combinaison n'est pas mauvaise ; elle va permettre au 3 o/o de s'élever au-dessus du pair et tout le monde y gagnera. Il est clair que si l'on augmentait beaucoup le capital de la dette l'affaire serait mauvaise ; mais, si on ne l'augmente pas énormément, l'affaire est bonne. »

Or, dans cette conversion, on a augmenté le volume de l'emprunt de 60 millions, ce qui fait une proportion de 14,50 o/o par rapport à la somme totale de la dette qui s'élevait à 424.613.000 francs.

On doit convenir que cela n'a rien d'excessif, surtout si l'on tient compte des avantages réalisés au point de vue du paiement des annuités, qui, au lieu d'atteindre 29.362.950 francs ne se montent plus qu'à 24.422.637 francs. Il en résulte une économie annuelle de 4.940.000 francs.

Il nous reste encore à examiner une critique qu'on n'a pas manqué d'adresser au gouvernement : on lui a reproché d'avoir prolongé la durée de l'amortissement ; et on a fait remarquer qu'en additionnant les sommes remboursables chaque année jusqu'à l'extinction complète de la dette on trouvait un total plus élevé que si l'Etat n'avait pas réalisé la conversion. Qu'y a-t-il de fondé dans cette argumentation ? Les annuités à payer d'après le tableau d'amortissement, si l'on n'avait pas converti, auraient continué d'être de 29.362.950 francs jusqu'en 1929 inclusivement, ce qui aurait fait un total de 704.710.800 francs : en 1830, elles auraient été seulement de 19.596.662 francs ; de 1931 à 1936 inclus, de 7.052.800 francs : ce qui fait pour cette période de six ans 42.316.800 francs et en 1937, elles se seraient abaissées à 2.821.351 francs. Tout le capital aurait alors été amorti. Par conséquent, l'Etat aurait versé sous forme d'annuités tant pour le remboursement du capital que pour le service des intérêts la somme globale de 769.245.612 francs.

Voyons maintenant quelle situation financière la conversion a fait naître. Les annuités à payer aux termes du nouveau tableau d'amortissement sont de 24.422.637 francs jusqu'en 1945. On peut constater, en faisant la comparaison entre ces deux tableaux, que pendant vingt-quatre ans l'Etat réalise une économie annuelle de 4.940.000 francs ; mais il est vrai qu'ensuite les charges budgétaires se maintiendront jusqu'en 1945, tandis qu'elles devaient aller en diminuant et passer en 1930 à 19.396.662 francs, puis de 1931 à 1936, à 7.052.800 fr. enfin en 1937, à 2.821.350 francs et que dès l'année 1938 elles avaient totalement disparu. Il est évident qu'au lieu d'avoir à payer la somme de 769.245.612 fr. sus-mentionnée, l'Etat doit maintenant 976.905.480 francs, soit une augmentation de 207.659.868 francs.

Il ne faut pas toutefois se laisser impressionner par la brutalité de ces chiffres, et il convient de considérer que les sommes d'argent, économisées pendant vingt-quatre ans, et qui, nous le rappelons, se montaient annuellement à 4.940.000 francs sont productives d'intérêt. Si l'on prenait soin de faire le calcul du montant de ces intérêts au taux de 4 o/o par exemple et selon le jeu de l'intérêt composé, il est hors de doute qu'on arriverait à une somme imposante.

Les personnes qui ont critiqué la conversion, en ne tenant pas compte de ces observations, ont commis une erreur d'autant plus grossière que la somme produite par vingt-quatre ans d'économies annuelles, grossie des intérêts, reste toujours, dans la mesure où elle subsiste, productive d'intérêts. En fait, il est bien probable que si l'Etat n'avait pas opéré la conversion il eût été tenu pour acquitter ses charges si lourdes qui, comme on le sait, dépassaient 29 millions par an, de négocier un nouvel emprunt, qu'il a su éviter judicieusement par cette conversion.

D'ailleurs, pour résumer tout ce débat, nous répondrons à ces personnes qu'elles se font une conception singulièrement primitive de la science financière, et qu'à les entendre les amortissements valent d'autant mieux qu'ils se réalisent à plus brève échéance, sans qu'il soit tenu compte des crédits dont peut disposer l'Etat ; or tout le monde sait qu'il n'est bon de faire des amortissements qu'avec des excédents et que c'est un déplorable trompe-l'œil que d'être obligé d'emprunter d'un côté pour rembourser de l'autre, surtout que cette pratique inconsidérée amène souvent l'Etat à emprunter dans des conditions plus mauvaises qu'il ne l'avait jamais fait. Il serait aussi funeste pour un Etat aveuglé par le dogme de l'amortissement toujours et quand même de recourir à des impôts trop lourds qui entraveraient le développement du commerce et de l'industrie. Bref, l'amortissement doit être mesuré et réfléchi : nous croyons donc que l'Etat roumain ne saurait être critiqué d'avoir prorogé la durée de l'amortissement afin de diminuer les charges présentes. C'est au contraire un acte de sagesse et de bon gouvernement.

En outre, nous croyons utile d'insister sur ce fait que la conversion a pleinement réussi, que les porteurs des anciens titres de rentes l'ont acceptée et qu'enfin le cours du 4 o/o, n'étant plus entravé par la coexistence de rentes 5 o/o, a immédiatement haussé, s'élevant en peu de temps de 90 à 95 francs.

De plus il est nécessaire de ne pas oublier les arguments généraux par lesquels se recommandent les conversions. En faisant baisser le taux de l'intérêt de la rente, elles rendent un service réel au pays ; car il est certain que le taux de l'intérêt des rentes sur l'Etat est l'étalon du taux de l'intérêt des valeurs de placement, et notamment des valeurs industrielles qui, comportant des risques, rapportent plus que la rente. Donc moins sera élevé l'intérêt de la rente, plus baissera celui de ces valeurs ; or il est avantageux pour le développement industriel et commercial d'un Etat que le loyer de l'argent y soit bas, puisqu'il constitue une charge des entreprises. Cette charge étant plus légère, les bénéfices augmenteront ; les salaires des ouvriers s'élèveront, et la somme du bien-être matériel et moral s'accroîtra sensiblement.

Enfin, comme nous l'avons dit, le cours du 4 o/o s'est élevé immédiatement. En même temps, par l'unification du type de rente, le marché a pris un volume plus grand. C'est là un avantage sérieux, car, en cas de panique, un titre qui possède un marché étendu aura beaucoup plus de résistance et se maintiendra beaucoup mieux qu'un marché plus limité. Ainsi quelques vagues se perdent et passent inaperçues au milieu de l'immensité de l'océan, qui paraîtraient formidables sur les rivages d'un lac. En outre, un titre, ayant un marché considérable, reste à l'abri des trusts et se ressentira peu des spéculations qui seraient tentées par des agioteurs.

Ce titre est plus connu ; il sollicite davantage les capitaux disponibles; son cours s'élèvera plus rapidement, et permettra peut-être de futures conversions. Il en résultera que le crédit de l'Etat se développera parallèlement, et que, si le besoin d'emprunts ultérieurs se fait sentir, il y aura plus de chances de les négocier dans d'heureuses conditions.

Pour tous ces motifs, nous nous félicitons de cette conversion dont le mérite revient à notre habile ministre des Finances, M. Tache Ionesco.

Afin de donner une idée précise de la situation financière actuelle, nous allons dans un tableau énumérer les différents emprunts qui composent notre dette, indiquer leur origine, les amortissements et les conversions auxquels ils ont donné lieu, ainsi que l'époque de leur extinction.

Emprunts contractés	Année de la négociation de l'emprunt	Capital nominal emprunté	Sommes amorties ou converties		Total amorti ou converti	Capital resté dû au 1er avril 1906	Date de l'extinction
			Amorties	Converties			
Emprunt Stern..................	1864	22.889.437 fr. 03	22.889.437	—	22.889.437	—	1886
Emprunt pour la construction des ponts....	1864	12.027.285	12.027.285	—	12.027.285	—	1880
Voie ferrée. Bucarest-Giurgiu................	1864	13.755.000	13.755.000	—	13.755.000	—	1876
Emprunt Oppenheim....................	1866	31.610.500	31.610.500	—	31.610.500	—	1889
Capital pour la construction de la voie ferrée Suceava-Roman-Iassy	1868	51.535.640	826.774	—	826.774	50.708.866	1960
Idem Varciorova-Bucarest-Roman..........	1868	248.130.000	4.838.250	243.291.750	248.130.000	—	Convertie en 1880 en oblig.
Emprunt Domanial....................	1871	78.000.000	21.978.000	56.022.000	78.000.000	—	» 1881 rente 50/0
Voie ferrée. Iasy-Unghexi................	1872	3.770.215	3.770.215	—	3.770.215	—	1880-1886
Emprunts de la Caisse des dépôts..........	1872	9.985.320	6.726.551	—	6.726.551	3.258.770	1912
Idem pour la réparation du Théâtre........	1875	300.000	—	300.000	300.000	—	Convertie 1889
Rente 5 o/o perpétuelle................	1875	44.600.000	14.375.000	30.225.000	44.600.000	—	» 1898 rente amort.
Billets hypothécaires..................	1877	26.260.000	511.215	25.748.785	26.260.000	—	» 1889 »
Obligations d'Etat 6 o/o. Conversion Rurale.	1880	31.600.000	4.806.700	26.793.300	31.600.000	—	» 1898 »
» 6 o/o Chemins de fer..........	1880	237.500.000	6.540.000	230.960.000	237.500.000	—	» 1890 »
» 5 o/o »	1881	47.948.000	47.948.000	—	47.948.000	—	1899
Rentes amortissables 5 o/o................	1881-1888	436.525.000	85.573.000	350.952.000	436.525.000	—	Convertie rente amort.
Emprunt Caisse de dépôts pour maïs........	1882-1883	1.137.590	500.151	637.440	1.137.590	—	1889
Idem pour l'établissement du monopôle des allumettes et des cartes à jouer	1886	1.288.174	477.229	810.945	1.288.174	—	»
Idem pour réparations des routes..........	1886	1.542.705	580.637	962.068	1.542.705	—	»
» » déficit de l'exercice 1885-1886.....	1887	4.493.247	828.574	3.664.673	4.493.247	—	»
» » rachat des fabriques d'allumettes.	1887	1.068.219	22.091	1.046.128	1.068.219	—	»
» » achat du maïs.............	1887-1888	3.000.000	242.877	2.757.122	3.000.000	—	»
Rente amortissable 4 o/o pour payement des billets hypothécaires...............	1889	32.500.000	6.625.500	—	6.625.500	25.874.500	1933
Rente amortissable 4 o/o capital nominal 50.000.000....................	1889	50.000.000	9.785.000	—	9.785.000	40.215.000	1933
Emprunt Caisse des dépôts................	1889	13.303.526	13.303.526	—	13.303.526	—	1899
Rente 4 o/o amortissable pour la Conversion des Obligations 6 o/o Chemins de Fer.....	1890	274.375.000	62.144.000	—	62.144.000	212.231.000	1923
Rente 4 o/o amortissable 45.000.000 Nominal.	1891	45.000.000	7.748.000	—	7.748.000	37.252.000	1934
» 5 o/o » 75.000.000 Nominal.	1892	75.000.000	8.674.000	66.326.000	75.000.000	—	Convertie 1905
» 5 o/o » 50.000.000 Nominal.	1893	50.000.000	5.195.000	44.805.000	50.000.000	—	»
» 5 o/o » 6.500.000 Nominal.	1894	6.500.000	675.000	—	675.000	5.825.000	1938
» 4 o/o » 120.000.000 Nominal.	1894	120.000.000	13.903.000	—	13.903.000	106.097.000	1939
» 4 o/o » 90.000.000 Nominal.	1896	90.000.000	8.179.000	—	8.179.000	81.821.000	1940
» 4 o/o » 180.000.000 Nominal.	1898	180.000.000	5.889.000	—	5.889.000	174.111.000	1958
Bons du Trésor 5 o/o................	1899	175.000.000	—	175.000.000	175.000.000	—	Convertie 1903
Rente 4 o/o perpétuelle	1900	962.500	—	—	—	962.500	Perpétuelle
» 6 o/o amortissable 185.000.000..........	1903	185.000.000	3.915.000	—	3.915.000	181.085.000	1943
Rente 4 o/o 100.000.000 Nominal............	1905	100.000.000	—	—	—	100.000.000	1945
» 4 o/o 1905 : 424.613.000 Nominal	1905	424.613.000	—	—	—	426.613.000	1945
		3.131.220.362	427.347.363	1.260.302.212	1.687.649.824	1.443.570.538	

Deuxième Partie

LES PARTICULARITÉS
DES EMPRUNTS ROUMAINS

CHAPITRE I

La destination de nos emprunts

Comme nous venons de le voir, le total de notre dette s'élevait au 1ᵉʳ avril 1906 à la somme de 1.443.570.538 fr. 50.

Cette somme a reçu une destination multiple. L'Etat roumain l'a employée au rachat et à l'amélioration des chemins de fer, à la construction de grands travaux publics, à la défense militaire du pays, à l'enseignement et à divers objets d'utilité générale.

Les dépenses pour le rachat des chemins de fer et

l'achèvement du réseau ont atteint la somme de 779.381.542 francs, ce qui représente un capital nominal de 893.560.937 francs, si l'on tient compte qu'afin d'obtenir 100 francs on a été obligé d'émettre en rentes 113 francs, moyenne des émissions de notre rente. Elles forment donc environ 60/100 du total de notre dette actuelle ; ce qui est un chiffre fort important ; mais notre réseau a été complété par la création de nouvelles lignes ; toutes les villes sont reliées entre elles par des voies ferrées, qui se développent maintenant sur un parcours de 3.178 kilomètres.

Nous devons examiner si l'Etat a agi sagement en procédant au rachat des chemins de fer, ou s'il n'aurait pas mieux fait de laisser le réseau entre les mains de compagnies privées ; nous étudierons quel est le produit net qui résulte de cette exploitation, et les avantages que le pays tire au point de vue économique de la création des nouvelles voies ferrées.

Nous croyons en premier lieu que l'Etat n'a pas manqué à ses devoirs de bonne gestion en rachetant les chemins de fer, et qu'au contraire c'est l'acte le plus heureux qu'il ait réalisé. Nous ne prenons pas parti sur la question théorique de l'exploitation des lignes par l'Etat ou par des compagnies privées ; car nous ne pensons pas qu'il existe à ce sujet de lois générales, convenant à tous les pays. Peut-être ce qui est bon en Roumanie serait-il déplorable en France, par exemple. Nous n'avons donc pas l'intention de faire de généralités. Il nous paraît plus utile de voir en fait, les résultats produits dans notre pays par cette expérience économique. A-t-elle donné des avantages positifs ? A-t-elle fait disparaître les inconvénients qui naissent souvent de l'exploitation privée ? N'a-t-elle pas à son tour engendré de réels désavantages ?

A la première de ces trois questions, nous répondons franchement par l'affirmative.

La Roumanie n'occupe pas en effet la même situation que la France au point de vue des capitaux. Elle est obligée de faire appel au crédit étranger. La compagnie qui exploitait la presque totalité des chemins de fer roumains était allemande, les capitaux avaient été fournis par des banquiers allemands, et le siège de la compagnie se trouvait à Berlin. C'était là une grande insécurité nationale, d'autant plus que cette compagnie était sur le point de céder le réseau à une compagnie autrichienne (Staatsbahn). Une telle solution eût constitué un danger permanent pour l'intégrité du territoire. Le gouvernement n'aurait pas eu la faculté complète de procéder à une mobilisation rapide en temps de guerre ; et l'on se demande ce qui serait advenu dans l'hypothèse d'un conflit armé avec l'Autriche.

D'autre part, une société étrangère, comme celle-ci, ne pouvait avoir en vue l'intérêt de la Roumanie.

Uniquement préoccupée des dividendes à fournir à ses actionnaires, elle ne se souciait pas d'effectuer une politique économique, utile pour le pays. Elle n'abaissait pas les tarifs de transport pour l'exportation des céréales et des autres denrées agricoles ; elle recherchait avant tout une exploitation parcimonieuse au détriment de l'intérêt des voyageurs et de leur sécurité ; elle ne créait pas de lignes de garage ; elle ne construisait pas de nouveaux wagons ; elle ne renouvelait pas son matériel, afin d'éviter toutes dépenses, car elle comptait sur l'annuité qui lui était servie régulièrement par l'Etat.

En outre, l'Etat garantissait autrefois pour la construction la somme de 270.000 francs par kilomètre, dont il faisait l'intérêt, à 7 1/2 0/0 ; depuis le rachat, on ne dépense plus que 95.000 francs pour les lignes principales, et 55.000 francs pour les lignes d'intérêt local.

Aujourd'hui l'Etat peut suivre une politique vraiment utile au pays. Il a déjà établi des tarifs réduits pour l'exportation, afin de paralyser l'effet des tarifs de douane fixés par des pays voisins, ce qui vaut beaucoup mieux que de créer de nouveaux droits de douane qui amèneraient des représailles et seraient susceptibles de nuire au développement d'une petite nation comme la Roumanie. Il a désormais le pouvoir de se défendre contre l'envahissement des produits étrangers, et en particulier de la pacotille allemande dont l'importation était au contraire facilitée par des tarifs spéciaux, qu'avait établis la Compagnie allemande.

Le gouvernement n'avait pas jadis en effet la possibilité de sanctionner les tarifs, comme il l'a en France. Le ministre des Travaux publics se trouvait désarmé aux termes des statuts vis-à-vis de la toute-puissante compagnie. Il n'est pas excessif de dire à ce sujet que la Roumanie ne jouissait vraiment pas d'une complète indépendance. Le rachat des chemins de fer s'imposait comme une libération.

Le produit net qui revient annuellement à l'Etat par suite de l'exploitation des chemins de fer s'élève à la somme de 23 millions.

Certes, il ne suffit pas à faire le service des annuités de l'emprunt qui a été émis pour les chemins de fer et qui se montait à la somme de 893.560.937 francs; mais il ne faut pas oublier que les chemins de fer rendent d'autres avantages gratuits à l'Etat, pour le service des postes, pour le transport gratuit de certains personnages politiques, députés, sénateurs et d'autres fonctionnaires de l'Etat, et en même temps pour le transport à prix réduit appliqué aux céréales, au pétrole, au bois de construction et aux sels, ainsi que pour les machines qui doivent être employées dans les fabriques dont la liste se trouve annexée à la loi sur l'encouragement de l'industrie nationale. Enfin il est nécessaire de noter le transport gratuit

des troupes et le tarif réduit dont bénéficient les offi-
ciers.

Si l'on a égard à ces observations, on reconnaîtra
que le produit net ne peut être pris comme base
d'appréciation du revenu réel procuré à l'Etat par les
chemins de fer, lequel dépasse beaucoup le chiffre
de 23 millions. D'ailleurs la considération du produit net ne doit pas seule être envisagée. Les actionnaires ne se préoccupent pas d'autre chose, mais un
Etat doit avoir en vue l'enrichissement du pays. Les
chemins de fer en Roumanie ont donné une plus·
value à la propriété foncière ; le rendement des
impôts s'est augmenté ; la fortune publique et privée s'est développée considérablement. La facilité de
circuler a permis aux gens de s'affranchir peu à peu
de l'esprit de routine, en acquérant plus d'instruction. Au contact des étrangers qui voyagent en
Roumanie, l'élite se perfectionne et le peuple s'é-
duque. Les jeunes gens riches s'en vont en France
et en Allemagne suivre les cours de l'Université et
s'en reviennent avec des connaissances et des idées
nouvelles qu'ils appliqueront pour le bien du
peuple.

Enfin une grande impulsion a été donnée à l'activité économique de la nation. En abaissant les prix
de transport de 0 fr. 40 à 0 fr. 03 par tonne kilométri-
que de marchandises, les chemins de fer les ont
mises sur le pied de l'égalité avec celles des autres

pays, ont rendu possible l'exportation et ont ainsi contribué à créer des débouchés pour la grande culture, devenue prospère dans tout le royaume.

Le gouvernement ne s'est pas contenté de créer un réseau complet de chemins de fer, mais il a réalisé de grands travaux publics d'une haute utilité pour un total de 89.959.924 francs. Il a construit des routes sur toute l'étendue du territoire et amélioré les anciennes. Ses dépenses dans cet ordre ont atteint 28.668.678 francs. Pour ne citer qu'une province, la Dobrodza, qui fut acquise à la Roumanie en 1878 au traité de Berlin, la longueur de ses chaussées a passé de 139 kilomètres à 1943.

La Roumanie ne s'est pas seulement occupée de développer les services terrestres de circulation ; elle a dirigé aussi ses efforts du côté de la Mer Noire, en construisant le port de Constantsa, qui promet de devenir bientôt l'un des plus importants de la Mer Noire. Pour donner une idée du développement commercial de ce port, disons que son transit a quadruplé en vingt-cinq ans. Des docks ont été élevés ; des crédits ont été votés pour les nécessités du service maritime. Des ponts ont été jetés sur les principaux fleuves, et le pont de Cernavoda sur le Danube compte parmi les plus belles œuvres d'art qu'on connaisse en Europe.

Les travaux publics qui ont nécessité de gros emprunts ont été productifs, puisqu'ils ont préparé

l'essor de la Roumanie que nous remarquons aujour-
d'hui.

L'Etat a le devoir d'assurer la conservation des
richesses au développement desquelles il a contribué,
et de maintenir l'indépendance nationale qui fut
acquise au prix de tant de sacrifices et de sang versé.

A cet effet il a décrété le service obligatoire de
trois ans, réduit à un an pour les jeunes gens pour-
vus d'un diplôme de baccalauréat. Il s'est imposé des
charges réelles.

Sous l'impulsion du roi Charles Ier, l'armée a été
organisée. On a élevé de nombreuses fortifications.
Toutes les dépenses d'ordre militaire ont atteint le
chiffre de 244.849.860 francs, dont 129 millions pour
les fortifications ; 46.289.247 francs pour la construction des casernes, d'hôpitaux et d'établissements
militaires ; 42.449.362 francs pour l'armement et les
munitions ; 26.249.818 francs pour les dépenses de
flotilles et leur équipement.

En somme, la plus grande partie de ces dépenses
a servi aux fortifications. Nous nous demandons si
ces sacrifices n'ont pas été trop lourds pour les avantages qu'ils sont susceptibles de procurer, car nos
frontières ne restent pas à l'abri d'une invasion de la
Russie, et ces fortifications serviraient plutôt à pro-
téger l'Autriche en immobilisant quelque temps les
troupes russes sur notre territoire.

Ce sont des maisons allemandes auxquelles on s'est

adressé pour les commandes de matériel et d'armement des forts ; et ce sont elles qui ont retiré le bénéfice le plus évident de ces travaux de défense.

Le gouvernement roumain aurait manqué à ses
devoirs d'Etat moderne s'il avait négligé de s'occuper
des questions d'enseignement. A l'exemple des grandes puissances il a décrété l'enseignement primaire
gratuit et obligatoire. Jusqu'en 1893, cette loi était
restée lettre morte, mais à partir de cette date elle
a commencé de recevoir son application. Le gouvernement roumain a même dépassé à cet égard beaucoup d'Etats dans la voie du progrès. Il a en effet
institué l'enseignement secondaire gratuit. Les cours
commerciaux qui font des hommes pratiques jouis-
sent de la même gratuité. Pour empêcher l'encom-
brement des carrières, on procède à une élimination
par voie de concours. Ainsi dans ce pays ce n'est pas
la richesse seule qui ouvre le chemin des positions
élevées, mais surtout l'intelligence et le travail. La
France qui est si souvent à la tête de la civilisation
n'est pas aussi avancée dans cette voie. Elle a sans
doute créé des bourses pour les étudiants pauvres,
mais l'enseignement reste très coûteux pour l'ensemble des jeunes gens. Les diplômes s'achètent fort cher,
et les frais d'examen sont excessifs.

En revanche, le gouvernement roumain s'est ins-
piré des méthodes et des programmes adoptés en
France. Les cours secondaires et l'enseignement

supérieur sont établis de la même manière. Beaucoup d'étudiants viennent compléter leurs connaissances à Paris ou dans les Facultés du Midi. Le Code Napoléon a servi de base aux lois roumaines.

Le gouvernement s'est imposé de très gros sacrifices pécuniaires pour mener à bien cette organisation de l'enseignement. Des écoles primaires rurales et urbaines ont été construites, ainsi que des lycées, des orphelinats, des écoles normales, des écoles d'agriculture, des séminaires, des externats de jeunes filles et des Universités. Les dépenses de construction et d'aménagement se sont élevées au chiffre de 59.472.420 francs.

L'Etat ne doit pas regretter ces dépenses-là, grâce auxquelles l'instruction peut pénétrer dans toutes les classes sociales et élever le niveau moral et intellectuel de la nation. Chaque année, il inscrit au budget des crédits considérables en vue d'assurer le traitement des professeurs et des instituteurs, d'entretenir les établissements scolaires et de faire le service des bourses d'internat et des bourses à l'étranger. Pour ne citer que l'année 1905, le montant des dépenses s'est élevé à la somme de 26.606.899 fr. (1) Elles ont été couvertes avec les ressources budgétaires ordinaires.

---

1. Exposé de la situation financière du Trésor public. Direction générale de la comptabilité de l'Etat.

Tels sont les chapitres les plus importants auxquels l'Etat roumain a réservé les crédits les plus élevés. Maintenant, en dehors de ceux-ci, il a dû recourir à des emprunts pour les autres ministères. Ainsi, le ministère des Finances a obtenu jusqu'à présent des crédits extraordinaires pour un total de 51.389.990 francs. Ceux-ci ont été employés à diverses fins. Une somme de 17.890.680 francs a été destinée à la création d'une banque de crédit agricole pour faciliter aux cultivateurs dans les années mauvaises l'achat des semences, pour leur permettre l'acquisition d'instruments aratoires et pour contribuer par conséquent au développement de la culture.

Afin d'instituer la régie du tabac par l'Etat, une somme de 11.095.305 francs a été dépensée.

Enfin diverses sommes ont été avancées au Crédit foncier d'Iassy pour la construction de la Cour des comptes, pour la reconstruction du ministère des Finances et pour la création de postes de douane.

Le ministère de l'Intérieur a demandé 17.724.372 fr. qui ont été utilisés pour la construction du palais législatif et de l'imprimerie nationale (3.291.582 fr.) ; de l'Hôtel des postes et télégraphes (5.575.227 fr.) ; des quinze hôpitaux ruraux (2.406.448 francs) ; des maisons d'aliénés et des prisons, des bureaux de postes et télégraphes (6.455.114 francs).

Le ministère des Domaines a reçu 18.184.487 francs

qui se répartissent de la façon suivante : construction du Palais Royal (1.364.484 francs) ; établissement d'eaux thermales à Kalimanesti (3.828.795 francs) ; restauration du palais de Cotroceni et construction d'un palais à Iassy (1.699.997 fr. 97) ; captation des eaux minérales (1.000.000 francs); construction d'un ministère des Domaines, des écoles d'arts et métiers de Bucharest et d'Iassy (8.547.936 francs).

Il a été accordé au ministère de la Justice 6.495.917 francs pour la construction du Palais de justice de Bucharest, et 300.000 francs pour celle du Palais de justice de Craiova.

Le ministère des Affaires étrangères, moins gourmand que les autres, n'a bénéficié que d'un crédit de 252.500 francs pour l'achat de terrain et la construction du ministère.

En résumé, si l'on ajoute le montant de ces diverses dépenses qui forme un total de 488.629.472 francs aux 893.560.937 francs, employés au rachat et à la construction des chemins de fer, on obtient une somme globale de 1.382.290.409 francs. La différence avec notre dette actuelle, d'un peu plus de 60 millions, a servi à combler des déficits.

Ces dépenses ont en général servi à des œuvres utiles, sauf la réserve que nous avons faite pour les fortifications. Peut-être aussi y aurait-il lieu de critiquer le luxe parfois exagéré de certaines constructions, telles que le Palais de justice, et surtout l'Hôtel des postes et télégraphes ; l'Université d'Iassy ; la Faculté de Médecine de Bucharest et les marchés couverts de Severin et Constantza. Il est en revanche assez étrange qu'on se soit montré si parcimonieux à l'égard du ministère des Affaires étrangères, dont nous ne saurions critiquer le luxe. Nous pensons qu'il y a eu quelque abus dans ces dépenses, et que des crédits pourraient être quelquefois mieux employés. L'Etat doit se montrer ménager des deniers publics, pour ne pas trop surcharger le peuple d'impôts.

Nous savons bien que nous pouvons nous consoler, si c'est une consolation de noter dans d'autres pays la pratique d'erreurs semblables, en nous disant que nous ne jouissons pas du monopole de ces procédés regrettables. Ainsi la France sacrifie trop souvent des dépenses de première utilité à des gaspillages stériles. Elle n'a pas creusé le canal des Deux-mers qui eût relié l'Océan à la Méditerranée, et détourné le trafic de Gibraltar; elle ne possède pas à l'heure actuelle un port qui puisse être comparé à ceux d'Anvers ou de Hambourg, et les navires de plus de 200 mètres ne peuvent pénétrer dans les bassins du Havre; mais le gouvernement a éparpillé çà et là des capitaux considérables pour creuser de petits ports secondaires, il répondait à des pressions politiques et à des préoccupations électorales; et l'on ne saurait trop blâmer ces agissements qui consistent à sacrifier l'intérêt général à des intérêts locaux.

Mais nous ne donnerons pas plus d'importance qu'il ne convient aux arguments par lesquels nous avons critiqué certaines de nos dépenses. La crise de 1899 et les circonstances pénibles qui nous affectèrent alors, nous obligeant à des emprunts onéreux, nous mettant en butte aux railleries des banquiers allemands sur les prodigalités de notre administration, chose blessante pour un Etat ! et nous soumettant aux décisions d'un tribunal arbitral dont la sentence avait été dictée à l'avance (1), bref ces moments critiques ne se renouvelleront pas, il faut bien l'espérer. La nation roumaine depuis quelques années a témoigné d'un essor rapide, que rien n'arrêtera sans doute.

Nous devons reconnaître que la majorité des dépenses a servi à des usages d'une incontestable utilité, et nous sommes persuadé que l'avenir récoltera la moisson qu'a préparée le passé.

---

1. Nous exposerons ce point ultérieurement.

CHAPITRE II

DU MODE DÉMISSION DE NOS EMPRUNTS

Le gouvernement a eu recours pour ses emprunts au procédé des obligations d'abord et des rentes amortissables ensuite. Il n'a jamais fait usage de la rente perpétuelle, ou du moins pour des sommes très minimes.

A-t-il donc été déterminé à agir ainsi par des préférences personnelles ? Ou a-t-il été contraint par les circonstances ?

Si, jusqu'en 1881, il a employé les obligations, c'est qu'il ne pouvait pas faire autrement ; car, avant cette époque, la Roumanie n'était qu'une province, soumise à la suzeraineté de la Turquie. Elle ne jouissait que d'un crédit très limité et c'est pourquoi elle a dû recourir à ce mode d'emprunts auquel procédent les particuliers, et qu'elle l'a fait dans des conditions très dures.

A partir de 1881, l'état de la Roumanie change ;
par le traité de Berlin de 1878, son indépendance est
reconnue et, trois ans après, elle devient un royaume.
Du jour au lendemain, la situation économique du
pays se modifie ; la culture se perfectionne ; la construction d'un réseau important de chemins de fer faci-
lite les communications et développe le commerce ;
et comme d'autre part le gouvernement a su tenir les
engagements que lui avait légués le passé, on s'explique qu'il ait gagné rapidement la confiance des capitaux. En appelant sur le trône un monarque d'origine allemande, la Roumanie s'est en outre attirée le
crédit des banquiers berlinois.

Alors, comme les autres Etats, elle a pu émettre
des titres de rente ; mais, sauf une exception d'importance minime, elle n'a pas fait usage des rentes
perpétuelles, qui constituent la pratique courante
des grandes puissances. C'est que les capitaux étrangers n'auraient pas consenti à se placer sans stipulation d'un remboursssement à époque déterminée. Un
Etat est une personne perpétuelle en théorie ; mais en
fait si tout le monde est convaincu de cette perpétuité
lorsqu'il s'agit d'une nation comme la France, il en
va tout autrement pour un petit pays, qui vient d'acquérir son autonomie et qui vit entouré des convoitises de voisins puissants.

Notre pays n'a donc pas été amené à préférer ce
mode d'émission d'emprunts par des considérations
théoriques ; il y a été contraint par la nécessité.

Il ne faut d'ailleurs pas le regretter : les Etats abusent souvent de la liberté qu'ils ont d'emprunter en rentes perpétuelles ; leur dette grossit toujours sans jamais subir d'amortissements ; les charges pour le service des intérêts pèsent lourdement sur le budget ; les impôts, augmentés sans cesse, sont difficiles à supporter par le peuple. Dans le droit privé on donne un conseil judiciaire aux prodigues ; cette institution n'existe pas en droit constitutionnel, et les grands Etats n'ont rien qui puisse les arrêter dans leur folie de dépenses sans cesse croissantes, si à leur tête ils ne possèdent pas un gouvernement sage.

Au contraire, l'obligation d'amortir contraint l'Etat à une gestion plus sévère et le pousse à réaliser des excédents. D'autre part, elle l'empêche d'être tenu de dettes remontant à plusieurs siècles et destinées à construire des travaux dont l'utilité n'a été que temporaire, car les œuvres d'art n'ont qu'une durée limitée ; leur existence dépend du temps. Dans le domaine des inventions, cette observation est d'une vérité encore plus sensible. Il faut renouveler le matériel des navires de guerre et des armements à des périodes relativement rapprochées : il est nécessaire de remplacer l'outillage industriel à des intervalles très voisins l'un de l'autre. La nécessité d'amortir répond ainsi à un besoin pressant ; car il sera bientôt indispensable de faire face à d'autres dépenses causées par de nouveaux travaux ou par le renouvellement du matériel. Les rails des chemins de fer s'usent très vite, un jour viendra sans doute où même on procédera à la création d'autres voies ferrées pour assurer la traction électrique, rendue impossible par les courbes nombreuses et les tournants trop brusques. Les locomotives se perfectionnent continuellement ; le modèle des chaudières varie de jour en jour. Pour parer à toutes ces dépenses, il faut recourir à des emprunts. Si l'on ne prend soin d'amortir les emprunts antérieurs, la dette s'accumule et devient d'autant plus lourde qu'elle a pour origine des travaux qui, depuis lontemps, ne répondent plus à aucune utilité.

Or les travaux qui ont été réalisés en Roumanie ne peuvent avoir une durée indéfinie. Une grande partie de nos emprunts a servi à la construction des chemins de fer, ou à la construction de forteresses, ainsi qu'à l'armement militaire. Il est indispensable d'amortir les dépenses de cette espèce.

Si l'on avait eu recours à la rente perpétuelle, on aurait employé probablement le système anglais d'amortissement. Nous savons les résultats qu'il a produits en Angleterre ; et la France, qui a toujours eu un faible pour les usages d'Outre-Manche, l'a naturellement expérimenté à ses dépens. Nous n'aurions peut-être pas su résister à cette contagion ; par bonheur, comme nous n'avions pour ainsi dire pas de rentes perpétuelles, nous avons été à l'abri de cette pratique.

On procède chez nous à l'amortissement par voie de tirage au sort des titres ; l'amortissement augmente chaque année dans la proportion où le service des intérêts décroît ; d'après le dernier tableau d'amortissement, il est calculé de telle sorte que l'annuité, comprenant les intérêts et l'amortissement, soit identique chaque année. L'amortissement, d'abord faible au début, devient très fort en approchant du terme d'extinction complète de la dette. Le dernier emprunt 4 o/o sera totalement amorti au bout de quarante ans, en 1945.

Il n'y a jamais d'interruption dans la pratique de l'amortissement, qu'on effectuera même au cours d'une année de déficit : chose qui est en contradiction avec le principe de lord Grenville qu'il ne faut jamais amortir qu'avec des excédents. A ce point de vue, la rente perpétuelle paraîtrait d'une application meilleure s'il n'y avait pas une grosse réserve à faire. C'est que les gouvernements, quand l'Etat ne possède que des rentes perpétuelles, ne se soucient jamais de réaliser d'excédents, en sorte qu'on ne pense pas à faire d'amortissement et que la dette augmente sans cesse. La pratique des rentes amortissables ne saurait donc être mauvaise ; elle introduit une habitude excellente ; chaque année les prévisions budgétaires comptent au nombre des dépenses un chapitre pour l'amortissement, ce qui n'empêche pas le budget d'être bien équilibré ; mais, pour cela, il faut que l'amortissement ne soit pas trop élevé, et que la dette ne soit remboursable qu'à longue échéance.

Il ne faut donc pas regretter que notre pays fasse un usage aussi large de la rente amortissable ; toutefois l'amortissement nous semble un peu forcé, surtout si l'on considère que depuis 1881 il n'y a presque pas eu d'années où l'on n'ait eu recours à de nouveaux emprunts. Nous croyons qu'il eût été plus sage de moins amortir et de moins emprunter. Presque tous nos emprunts ont été constitués pour quarante-quatre ou soixante ans ; celui de 1905 l'a été pour quarante ans seulement. Il aurait été préférable de stipuler un délai d'au moins soixante-quinze ans. Les annuités à verser auraient été plus faibles ; les emprunts effectués moins nombreux, et la perte, résultant de la différence entre le taux d'émission et le taux nominal, selon lequel a lieu le remboursement, eût été moins forte.

L'Etat roumain s'est toujours adressé pour la négociation de ses emprunts à une maison de banque allemande, der Disconto-Gesellschaft, qui s'est portée garante du succès des emprunts. Nous avons vu dans plusieurs circonstances qu'elle s'était placée à la tête d'un syndicat de banquiers, et que même à plusieurs reprises des banques françaises y avaient adhéré. On n'a jamais recouru depuis 1881 au mode d'émission par voie de souscription publique dans le pays. Presque toute notre rente est placée à l'étranger. Quelles sont les raisons de cet état de choses ? et quelles en sont les conséquences ? Si l'on n'a pas émis les emprunts dans le pays, c'est qu'ils n'auraient pas été couverts faute de capitaux disponibles. La Roumanie jouit pourtant de la réputation d'être un pays riche ; mais sa richesse est presque exclusivement foncière. Jusqu'à ce qu'elle ait acquis son autonomie, elle devait payer des tributs annuels à la Porte ; elle était obligée de rétribuer et d'entretenir une multitude de fonctionnaires turcs ; ses capitaux mobiliers étaient drainés au profit de l'empire Ottoman, sans que la nation roumaine en retirât aucun avantage sérieux.

D'autre part, il faut noter que l'industrie ne fait que naître en notre pays, resté presque exclusivement agricole. Les sommes, provenant de l'exportation des produits du sol, servent à payer l'importation des produits manufacturés. Quand les récoltes sont abondantes, les Roumains d'un caractère plutôt insouciant et généreux augmentent leurs achats à l'étranger et négligent de faire des économies. Les années de disette, ce qui leur reste de capitaux passe la frontière. En outre, beaucoup de riches Roumains ont quitté leur pays pour vivre à l'étranger, où ils dépensent tous les revenus de leurs terres. Le gouvernement a cherché à guérir cette plaie de l'absentéisme en frappant d'un impôt très lourd les propriétaires fonciers qui désertent le pays. Au lieu que ceux qui font valoir eux-mêmes leurs terres ne paient que 5 o/o d'impôt foncier, ceux qui les louent paient 6 o/o, et ces gens qui se désintéressent du pays pour mener au loin joyeuse vie doivent payer 12 o/o. Leur absence prolongée est constatée par les passeports qui sont délivrés en Roumanie pour pouvoir franchir la frontière. Malgré ces mesures énergiques, le mal persiste quand même, et cet absentéisme est encore un facteur important de l'exode de nos capitaux. Paris, Londres, Vienne, Berlin, Budapest sont remplis de ces Roumains qui se sont établis à demeure dans ces villes. Des millions sortent ainsi annuellement du pays, sans que rentre l'équivalent : le nombre des étrangers qui visitent la Roumanie est encore relativement peu considérable.

L'esprit d'économie est peu développé dans notre pays : en dehors des absentéistes, il faut signaler aussi ces riches propriétaires qui, l'hiver venu, pendant le repos des champs, vont se distraire à l'étranger où ils dépensent rapidement tout le gain de l'été. Quand ils rentrent au printemps, leur portefeuille est aussi dégarni que l'année précédente.

Le peuple roumain n'a pas eu, jusqu'à ces dernières années tout au moins, les facilités de procéder à une sage économie : les caisses d'épargne sont de création très récente ; et les paysans consacrent leurs petites ressources à l'acquisition des produits manufacturés étrangers. A ce point de vue, il y a un contraste frappant entre le caractère du Roumain et celui du Français, si ordonné et si économe.

Telles sont les raisons multiples pour lesquelles, malgré la fertilité de ses terres, la Roumanie est démunie de capitaux mobiliers et c'est pourquoi ses titres de rentes sont presque entièrement entre les mains de porteurs étrangers.

Cette situation présente de graves inconvénients politiques et économiques. Elle met dans une certaine mesure le pays sous la dépendance de l'étranger ; quand il a besoin de recourir à un emprunt on lui impose souvent des conditions très dures ; et parfois il doit se soumettre à des exigences vexatoires. Ainsi, en 1899, le gouvernement roumain voulait emprunter 175 millions ; la Disconto-Gesellschaft n'avait pris ferme que 75 millions. Il n'y avait pas de capitaux disponibles ni en Allemagne ni en Angleterre à cause de la guerre du Transvaal. Il fallut donc s'adresser à la France. Un entrepreneur français, Hallier, qui avait était chargé de travaux dans le port de Constantza et qui n'avait pas rempli ses engagements, insista auprès d'un de ses amis, syndic à la Bourse de Paris, pour que l'emprunt roumain ne fût pas coté à la Bourse tant que son affaire n'aurait pas été réglée à son avantage. Le gouvernement roumain fut obligé de passer par cette voie : mais, afin de sauver les apparences et

de ne pas soulever dans le pays l'indignation générale, un tribunal arbitral fut constitué pour la forme.
L'entrepreneur français obtint 3 millions d'indem-
nité ; et l'emprunt, admis à la cote, fut couvert ensuite
par des banquiers français.

La Disconto-Gesellschaft, à laquelle on s'est toujours adressé, a joué un grand rôle sur le développement de notre pays. A partir du rachat des
chemins de fer, en 1880, il n'y a pas eu d'opération
financière, d'une importance quelconque, dans
laquelle on ne trouve la signature du conseiller A. de
Hansemann, chef autorisé de ce grand institut financier. Hormis des emprunts internes, aucun autre
emprunt n'a pu être conclu avec un autre consortium
de banquiers que celui représenté par la direction de la
Disconto-Gesellschaft. C'est de la bonne ou mauvaise
réputation de cette banque que dépendra encore
longtemps la prospérité de notre crédit, car c'est
cette banque qui a la charge presque exclusive de
payer en Allemagne les coupons de la dette publique
roumaine. Il s'est lié de grands et d'intimes rap-
ports, entre cette banque et l'Etat roumain, qui font
naître des obligations réciproques de loyauté ; or si
la Roumanie a toujours rempli ses engagements et a
acquitté le jour dit le paiement de ses annuités, on
ne remarque pas la même scrupuleuse attitude de la
part de la Disconto-Gesellschaft. Au profit de l'influence que cet institut financier croit pouvoir exercer

dans l'Etat roumain, le *Moniteur du pétrole roumain* a relevé un fait d'une extrême gravité. La Disconto-Gesellschaft aurait demandé comme commission une somme de 4 millions à la Société Américaine Standard Oil, pour user de toute son influence auprès du gouvernement roumain pour accorder à cette Société le monopole de la concession des terrains pétrolifères de l'Etat. C'est là une ingérence déplorable dans les affaires de notre pays.

Le gouvernement roumain a eu le tort de s'adresser toujours à la même maison. Il aurait pu solliciter l'appui d'autres banques, d'autant mieux que son crédit s'améliorait. Comment s'expliquer qu'il n'ait jamais eu recours aux banques françaises ? Cela tient à la politique allemande, suivie constamment en Roumanie depuis son indépendance. Si la France est très aimée des Roumains, si on parle couramment le francais et si on subit le rayonnement de la civilisation française, en revanche, par méfiance contre la Russie qui paraissait un redoutable voisin, et qui en 1878 nous a pris la Bessarabie en échange de la Dobrodza, dont on ne soupçonnait pas alors la richesse, le gouvernement roumain fut déterminé à se rapprocher de l'Allemagne, plutôt que de la France, alliée de la Russie. En faisant appel au crédit allemand, les hommes d'Etat pensaient en outre s'attirer la sympathie du roi. On comprend donc que ce soit vers Berlin que se soient dirigées les demandes d'ar-

gent. La politique doit être distincte du sentiment ;
nos intérêts raisonnés, plutôt qu'une sympathie
irréfléchie, nous ont poussé vers l'influence germa-
nique. Toutes ces considérations expliquent que
nous ayons été forcés de faire appel aux capitaux
étrangers, et spécialement aux capitaux allemands.
C'est là une situation très mauvaise, et qui malheu-
sement ne peut s'atténuer que lentement. Il est en
effet désirable qu'un Etat ait ses rentes placées chez
lui. Le fait qu'elles sont à l'étranger donne des résultats analogues à ceux de l'absentéisme que nous
déplorons chez nous. Tous les ans des sommes d'argent s'en vont, en Allemagne et en France princi-
palement, grossir la richesse monétaire de ces pays,
sans qu'aucune rentrée équivalente ne se manifeste.
Cet argent stimulera le commerce et l'industrie, aug-
mentera la vitalité de ces Etats, tandis que si la dette
était placée en majeure partie dans le pays, si des
rentiers roumains, vivant en Roumanie, en perce-
vaient les arrérages, ce serait le commerce local qui
en bénéficierait. Cette désertion annuelle des capitaux est aussi funeste que la désertion des gens
riches qui s'en vont dans les villes étrangères dépen-
ser les revenus de leurs terres. C'est une cause qui,
raréfiant chez nous le numéraire, empêchera d'ici
longtemps la formation de capitaux mobiliers, et
reculera par conséquent l'époque où les rentes
pourront être émises dans le pays.

Néanmoins il faut avoir confiance dans l'avenir. La Roumanie peut avoir un développement industriel, aussi bien qu'une autre nation, et s'affranchir peu à peu de l'étranger. Déjà des industries commencent à se former. Depuis quelques années, ont été créées plusieurs usines de produits chimiques, d'importantes scieries mécaniques, des fabriques de drap, de cotonnades et de lainages, une manufacture de céramique, des papeteries, des fabriques de meubles, de pâtes alimentaires, des sucreries, des confiseries et des minoteries. Le chiffre des importations diminuera dans la proportion où s'accroîtra la production industrielle nationale ; il a fléchi depuis quelques années, et continuera de baisser si l'activité industrielle ne s'arrête pas ; et nous croyons qu'il en sera ainsi, car le Roumain est généralement actif, audacieux et persévérant. Avec de telles qualités il ne peut que contribuer au développement économique de l'Etat. L'exemple du Japon qui, en si peu de temps, est parvenu à l'économie complexe est un témoignage des destinées auxquelles un peuple laborieux a la possibilité de prétendre.

Mais ce qui contribuera surtout à donner une impulsion à l'acroissement des richesses, c'est la découverte de gisements de pétrole dans les montagnes. On les exploite maintenant sur une grande étendue. Le rendement qui n'était en 1860 que de 3.616 tonnes a atteint en 1905 le chiffre de 700.000 tonnes. Notre production a profité des troubles qui se sont produits dans les mines de Bakou en Russie et qui ont temporairement arrêté l'exploitation. La Société Steaua Romana en une année a vendu 5.000 wagons de pétrole moyennant un prix de 300 francs le wagon; et la maison Campeano, 6.767 wagons pour 2 millions. Ce pétrole provenait d'un sondage opéré sur une étendue de 50 hectares seulement. La richesse des gisements découverts est donc merveilleuse. D'autre part, si l'on considère que l'étendue des gisements susceptibles d'être exploités, dépasse 20.000 hectares, on se rendra compte que l'exploitation pétrolifère en Roumanie est appelée à recevoir la plus vigoureuse impulsion.

Le gouvernement poursuit la tâche de mettre fin à cette crise produite par l'absence de capitaux. Il encourage l'industrie par des primes ; il frappe l'absentéisme par des taxes, comme nous l'avons vu précédemment. Il a facilité l'emprunt à ceux qui ont besoin d'argent pour le développement de la culture, en accordant des subventions à la caisse du crédit agricole, destinée à permettre aux paysans l'achat d'instruments aratoires, et à celle du Crédit foncier qui leur fournit les moyens d'acquérir des terres.

Il a stimulé la pratique de l'épargne par la création des banques populaires. Jusqu'à la fin de l'année 1904, il a fondé dans les 2.904 communes rurales du royaume pas moins de 1.625 banques populaires. Il est vrai qu'un certain nombre ne sont qu'à l'état embryonnaire ; mais elles ont déjà donné deux résultats sûrs : elles ont incité les paysans à l'association et à l'économie en prouvant que ceux-ci sont aptes à s'associer et à économiser.

En 1891 il n'existait qu'une seule banque populaire « Dumitra » qui avait son siège dans la commune rurale de Bara, en Buzeu. Elle a commencé ses opérations avec 34 membres et un capital de 127 francs versé. Aujourd'hui le capital versé est de 1042 francs. La banque « Mabel de Rasuna » qui commença ses opérations le 15 août 1893 avec 24 membres et 1800 francs, compte maintenant un capital souscrit de 38.132 francs.

Il s'est fondé de 1891 à 1900, 80 banques populaires. La crise de l'année 1899-1900 n'a pu que favoriser le développement de ces banques, en faisant sentir plus encore leurs profits réels, et on a pu fonder 172 banques en 1901 ; 458 en 1902 ; 317 en 1903 et 598 en 1904 jusqu'à fin décembre.

La répartition des banques populaires par districts est en rapport avec le nombre des communes rurales et le chiffre de la population de chaque district. Il n'y a que dans quelques districts de la Moldavie où, malgré la population assez dense, on observe un développement insignifiant des banques populaires.

C'est le district de Buzeu qui présente le plus

grand nombre de banques populaires : 91 banques.
Les communes rurales de ce district sont au nombre
de 107, et la population est de 193.558 âmes. Au
second rang, vient le district de Dambovitza avec
90 banques populaires, 116 communes rurales et
196.375 âmes.

Le capital de toutes ces banques le 1er février 1905
était de 44.705.379 francs.

Les membres des conseils d'administration de ces
banques sont composés en grande partie de paysans,
mais comme ils n'ont pas une instruction suffisante
pour diriger seuls les banques, on s'explique qu'ils ne
représentent que 53, 9 o/o du total des membres des
conseils d'administration, dans lesquels figurent des
propriétaires, des commerçants, des fonctionnaires,
des ecclésiastiques, des instituteurs et des artisans.

Ces diverses institutions, les réformes qu'a pré-
parées le gouvernement, le développement industriel
de la nation font espérer que peu à peu les titres de
rentes rentreront dans le pays, à l'imitation de ce
qui s'est passé en Italie, où depuis 1883 la dette qui
était placée en France dans la proportion des deux
tiers a été presque complètement rachetée par les
nationaux. Chez nous, une enquête du ministère des
Finances a démontré que déjà 300 millions étaient
entre les mains des Roumains. C'est l'augure d'une
situation meilleure.

Enfin il est juste de signaler que les titres du crédit urbain et rural sont tous placés à l'intérieur du pays, ainsi que les actions de la Banque nationale.

CHAPITRE III

Les garanties de la rente roumaine

———

A. *Les garanties morales*. — Pour qu'un Etat inspire confiance aux capitaux, il est nécessaire d'abord qu'il remplisse scrupuleusement ses obligations. Un Etat doit être honnête, et a un intérêt réel à le rester. Les particuliers sans probité peuvent s'enrichir par des actes malhonnêtes ; un Etat qui agirait de la sorte détournerait de lui le crédit et tomberait dans l'impossibilité de se procurer de nouvelles ressources. Peut-être même risquerait-il de perdre son indépendance. On a vu au siècle dernier des commissions financières se placer en tutelle des gouvernements, en Grèce et en Egypte par exemple ; et, dans ce dernier pays, les déprédations d'Ismaïl ont contribué en grande partie à préparer l'occupation britannique.

Il faut en outre que l'Etat donne l'assurance de la durée.

Une nation plongée dans l'anarchie, entourée de convoitises, n'inspirerait aucune confiance ; au contraire, lorsqu'elle possède une armée solide, des forts munis de canons dernier modèle, elle impose le respect et s'attire la sympathie des capitaux. A ce point de vue, un petit Etat ne donnera jamais de pareilles garanties ; mais si l'on considère qu'à cause des risques qu'on court on reçoit un intérêt un peu plus élevé, on se décidera encore à lui consentir une avance, pour peu que ce peuple ait su faire preuve d'honnêteté et d'ardeur au travail et qu'on croie à son indépendance durable par suite de l'équilibre mondial et des compétitions de ses voisins puissants, qui n'oseraient pas, par crainte les uns des autres, se précipiter sur la proie.

En troisième lieu, il reste qu'un gouvernement menacé par une révolution ou une réaction détournera un peu la confiance des prêteurs. Les personnes qui ont des capitaux disponibles hésiteront à les avancer à un Etat, ainsi gouverné. S'ils se déterminent enfin à courir le risque, c'est qu'ils se diront qu'un nouveau régime politique n'osera pas ne pas tenir les engagements du passé, et que, s'il répudiait les dettes contractées par un prédécesseur, il mettrait l'Etat dans une condition fâcheuse. C'est maintenant un principe acquis en science financière qu'un gouvernement doit acquitter les dettes des gouvernements antérieurs. Aussi les porteurs de fonds russes ne s'effraient-ils pas trop des craintes d'un bouleversement en Russie, et les cours conservent encore une cote dont s'étonneront peut-être nos arrière-petits-neveux lorsqu'ils apprendront l'histoire, si les événements viennent à démentir cette demi-assurance. Il existe aujourd'hui des théoriciens politiques qui pensent qu'un gouvernement, né d'une révolution, n'a pas à tenir les engagements antérieurs. Ils ne s'arrêtent pas à la question pratique, qui pour nous est péremptoire ; car, en science financière l'utilité est une considération qui nous semble d'une bien plus haute importance que ces spéculations dogmatiques. Pourtant nous voulons en passant en dire un mot.

M. Jaurès est un de ces théoriciens qui ont soutenu en France qu'un gouvernement révolutionnaire n'avait pas à connaître des dettes antérieures. L'idée qu'un régime démocratique puisse continuer à faire le service d'une dette dont jadis a profité une aristocratie, lui semble affreuse, abominable ; et il s'imagine être très avancé d'opinion en négligeant de considérer la situation des rentiers, qui ne sont pas dignes d'intérêt puisqu'ils ont servi par leurs prêts la cause d'un gouvernement abhorré, et en croyant sans doute à tort, qu'un tel mépris des obligations antérieures ne ruinera pas le crédit de l'Etat et ne mettra pas ce dernier sous le pouvoir des usuriers. Il se figure émettre des pensées très originales, et il se réjouira, à moins qu'il ne soit porteur de fonds russes, ce qui n'est pas impossible, que la Russie, ayant abattu le tsarisme, supprime d'un coup de plume toute la dette de l'Etat. En réalité, M. Jaurès est très réactionnaire : il ne fait que reprendre une vieille idée de l'ancien régime, enterrée depuis longtemps. On se souvient que la régence de Louis XIV avait eu un instant la tentation de répudier les dettes de Louis XIII, et que celle de Louis XV a eu beaucoup de peine à reconnaître les emprunts du Grand Roi. C'était alors une habitude des rois obérés de renoncer au passif de la succession de leur père, tout en acceptant l'actif. Les mœurs toléraient cet usage, auquel étaient accoutumés les banques et les usuriers, qui dans cette crainte prêtaient à très gros intérêt : mais les temps sont changés. Aujourd'hui on prête aux Etats à faible intérêt, parce qu'on a foi dans leur parole ; on leur prête des sommes considérables ; et au lieu que ce soit quelques banquiers qui avancent de l'argent, c'est un nombre considérable de rentiers, parmi lesquels figurent d'humbles souscripteurs, apportant leur épargne, l'argent du bas de laine. Vraiment la conception de M. Jaurès n'est pas si démocratique qu'elle le paraît au premier abord.

Jadis, les Etats n'étaient pas un organisme aussi complexe qu'aujourd'hui. Autant de ressources ne leur étaient pas nécessaires. Les armements et les

dépenses militaires étaient minimes à côté de ceux
d'aujourd'hui. Les rois employaient la plus grande
partie de leurs crédits à construire des palais, à entretenir des nobles, des laquais et des maîtresses. Il n'y
avait pas de développement économique, industriel
et commercial. Les Etats n'avait qu'un crédit limité :
il n'étaient guère honnêtes. De nos jours, un Etat
sans argent ne peut rien réaliser : il agonise et sa
mort est certaine. Pas de crédits, et la résistance à
l'ennemi devient impossible ; la vie économique
s'arrête ; l'organisme s'effondre. C'est pourquoi les
Etats sont devenus honnêtes malgré la tentation de
ne pas l'être. La banqueroute de la Russie serait
une plus grande défaite que celle de Moukden.
Les idées de M. Jaurès ont quelque chose de suranné
et la possibilité de leur application paraît douteuse.

Bien que n'étant pas une grande puissance, la
Roumanie à dû recourir à des emprunts, sans lesquels elle n'aurait pu progresser comme elle l'a fait
depuis vingt ans. Grâce aux capitaux qu'elle s'est
procurés elle a construit un réseau de chemins de
fer, créé un port sur la mer Noire et donné à la
nation une grande prospérité agricole et commerciale. Elle constitue vraiment un Etat moderne, et il
ne faudrait pas que son voisinage de l'Orient fît
croire le contraire. Par leur honnêteté, par le soin
avec lequel ils ont tenu leurs engagements même
dans les moments les plus difficiles, nos gouver-

nants ont su acquérir la confiance des prêteurs.

La Roumanie, qui s'est imposée le crédit des banquiers, donne-t-elle toutes les garanties désirables au
point de vue de son indépendance ? N'a-t-elle pas
des menaces à redouter ? La richesse de son territoire ne suscite-t-elle pas d'âpres convoitises ? Ne
court-elle pas le péril d'invasions prochaines ? Et
ne peut-elle craindre de subir un jour le sort de la
Pologne ?

D'un côté, la prodigieuse rapidité de son progrès
fébrile témoigne d'une vitalité rassurante ; mais sa
situation géographique la place au milieu d'appétits
que l'histoire nous montre comme insatiables et
toujours inquiétants. Le danger qui en résulte paraît
rendre difficile la tâche d'entreprendre sur ce terrain l'exposé des garanties de notre pays, d'autant
plus que notre proximité des Balkans et de la Turquie, cette fournaise à perpétuelles agitations,
diminue notre force morale. Affirmer le maintien
d'un Etat faible parmi de puissants voisins ; ne
serait-ce pas émettre une opinion paradoxale ? Et
pourtant nous sommes persuadé que cette situation
est plus précaire en apparence qu'en réalité, et
qu'elle peut nous procurer l'assurance d'un avenir
avantageux, parce que les luttes des nationalités
irréductibles et les jalousies inguérissables des grandes puissances constituent pour nous une espérance
de tranquillité, et que nous avons plutôt à gagner,

qu'à perdre, à l'engrenage de tous ces intérêts rivaux qui s'appelle la question d'Orient.

L'histoire nous montre en effet comment notre indépendance a su se produire malgré le déchaînement des appétits et nous en retirons la ferme conviction qu'elle saura bien se garder.

Tant que notre sort fut lié à celui de la Turquie, nous fûmes l'objet de pactes successoraux où, les copartageants s'étant pris de querelle avant l'ouverture de la succession, nous échappâmes à leur griffe, d'abord sains et saufs, puis, indépendants et agrandis. Parmi ces pactes, citons la convention d'Erfürt en 1808 entre le Tzar et Napoléon Ier, qui, moyennant une grosse compensation, nous livrait au Tzar, et le projet de démembrement de l'Empire Ottoman que M. de Hardenberg, ministre du roi de Prusse, Frédéric-Guillaume III, proposait au Tzar et selon lequel la Russie se serait annexée les principautés roumaines.

En 1815, les diplomates réunis à Vienne commencèrent à se poser la question : L'empire Ottoman sera-t-il maintenu ou démembré ? Bien qu'ils fussent habitués à ne pas tenir compte des peuples et à ne s'occuper que des souverains, ils ne purent empêcher qu'une seconde question ne se développât lentement et malgré eux. « Quel sera le sort des nations chrétiennes soumises au Sultan ? » Ils parurent empressés de servir leur cause, parce qu'ils étaient en butte

à des intérêts contraires, et ils se soucièrent de
ganter leurs griffes, en ayant l'air de travailler pour
le bien des petits peuples.

Notre territoire fut occupé par l'Autriche : ce qui
soulèvera le mécontentement de la Russie qui poussa
l'amabilité jusqu'à nous choisir un prince et à nous
nommer un gouverneur organisateur de 1828 à 1834.
Lorsqu'en 1853 la Russie renouvellera ses assiduités,
elle mécontentera l'Autriche et recevra les protesta-
tions de l'Angleterre. Cette dernière nation marquait
aussi une grande sollicitude pour le sort de l'empire
Ottoman. « Le malade peut mourir ; en tout cas on
n'empêchera pas sa mort prochaine. Il faudrait s'entendre sur l'enterrement », écrivait le Tzar en 1852 à
l'ambassadeur anglais ; mais la grosse difficulté était
précisément de régler l'enterrement. Sur la question
de principe tout le monde était d'accord ; sur les
détails d'application les avis étaient différents. Le
Tzar Nicolas Ier déclarait à Lord Palmerston qu'il ne
voulait rien prendre, mais qu'il ne tolérerait pas
qu'une autre nation prît quelque chose.

La phase décisive pour le sort de ces petits peuples fut l'intervention de Napoléon III qui aboutit à
la guerre de Crimée. Le seul moyen de n'appartenir ni à l'un ni à l'autre était de n'appartenir à personne. En résumé, notre indépendance est due à la
jalousie féroce des grandes puissances plutôt qu'à
leur dévouement à notre cause. Cette situation n'a

rien de mauvais et en définitive elle n'est pas bien différente de celle de la Belgique et de la Hollande. Il vaut mieux vivre au milieu de jalousies qui se contre-balancent les unes et autres, que de subir une amitié unilatérale trop absorbante, qui vous étouffe l'heure venue.

D'autre part l'anarchie dans laquelle se débat la Russie nous délivre pour de longues années de toute crainte de son côté. Il faudra beaucoup de temps avant que l'ordre soit ramené dans ce pays, que son équilibre se soit raffermi, que les peuples qui habitent son vaste territoire se soient bien amalgamés ; et peut-être des démembrements se produiront-ils. Reste donc l'Autriche ; or nous croyons qu'il ne peut y avoir d'inquiétude à concevoir de sa part. Son équilibre est plutôt instable ; il ne se maintient que par la popularité de l'empereur François-Joseph ; mais, à sa mort, les peuples mal fusionnés qui constituent l'Autriche-Hongrie et dont le bouillonnement gronde sans cesse s'éveilleront complètement ; et l'unité de cet Etat deviendra problématique.

La Roumanie dont l'armée est plus forte que celles de la Serbie et de la Bulgarie pourrait profiter de cette sécurité actuelle pour tenter un mouvement de rapprochement et d'alliance étroite entre les pays balkaniques. On constituerait ainsi une force imposante. Les dissentiments qui existaient autrefois se sont aplanis. Ils n'avaient pas pour origine les antipathies de races, mais ils étaient causés par la Russie qui avait intérêt à jeter le trouble dans nos Etats pour se donner le prétexte d'intervenir postérieurement. Notre politique doit consister à écarter ces influences intéressées. Il est à souhaiter que la Macédoine, dont l'anarchie actuelle fait redouter des complications, devienne un Etat indépendant comme les autres.

N'ayant plus à craindre ses voisins d'ici longtemps, ne pouvant être inquiétée par un réveil de l'agonisant qui s'appelle la Turquie, la Roumanie peut avoir foi dans l'avenir, et présente au point de vue moral les meilleures garanties d'indépendance et de sécurité.

Il n'y a aucun danger de révolution. L'unité politique est bien réalisée. Tous les Roumains sont unis par le même amour de leur patrie, pour la grandeur de laquelle ils font les vœux les plus sincères

B. Les garanties matérielles. — En dehors de ses garanties morales que nous venons d'analyser, l'Etat roumain fournit à ses créanciers des garanties matérielles, car il possède comme particulier un important domaine privé. Tandis que la plupart des Etats, sauf l'Allemagne, n'ont plus qu'un très petit domaine; que la France ne retire de ses propriétés qu'un revenu annuel de 700.000 à 800.000 francs ; que la Belgique ne dispose que de 39.289 hectares, au contraire l'Etat roumain, malgré les nombreuses aliénations de terrains qu'il a consenties aux paysans, a conservé des terres arables d'une étendue de 239.024 hectares, et un domaine composé de forêts, mines, carrières et lacs d'une superficie de 1.085.033 hectares. Dans l'année 1904-1905, les revenus de ces domaines se sont élevés à 29.092.000 francs : ce qui représentait plus de 11 o/o de la totalité des revenus de l'Etat ; l'année précédente, ils avaient été de 27.064.282 francs, soit le 10,95 o/o de l'ensemble des revenus. Le capital énorme que représente cette fortune atteint un chiffre au moins égal au montant de la dette.

Sans exagération, si l'on évaluait la valeur des 240.000 hectares de terres cultivées à 600 francs l'hectare seulement, on aurait un chiffre de 144 millions ; d'autre part, on peut estimer les forêts, peuplées de chênes séculaires et de sapins à 500 millions. Si l'on ajoute à cet actif celui qui y est représenté par le réseau et le matériel des chemins de fer, d'une valeur approximative de 800 millions, nous arrivons à un total de 1.444 millions, dépassant plutôt le chiffre de la dette qui n'est que de 1.443.570.538 francs. Or ce tableau laisse de côté les mines de sel et de pétrole. Les premières sont exploitées directement par l'Etat. Depuis 1862 jusqu'à 1904, on a extrait une quantité de 3.273.327.387 kilos de sel qui ont donné un produit net de 239.288.707 francs. Depuis des siècles on poursuit l'exploitation de ces gisements, et leur richesse paraît toujours la même, tant est grande la fécondité de ces gisements. Le prince

Démètre Cantemir, dans sa *Descriptio Moldaviæ* constate l'abondance de ces gisements dans les montagnes de Moldavie, et il dit que pour l'extraire il suffit de gratter un peu la terre pour trouver immédiatement le sel le plus fin. Au cours de l'année 1904-1905 on a extrait 110 millions de kilos de sel ; et cette richesse peut durer pendant des siècles. La qualité ne laisse pas plus à désirer que la quantité ; nulle part en Europe on ne trouve de mine plus fertile ni d'une composition chimique plus pure.

Pour porter un jugement sur la valeur de ces gisements il faut s'en rapporter à l'estimation des savants. L'un d'eux, M. Alimanisteanu, les a évalués au minimun à 7 milliards et demi.

Nous avons déjà parlé précédemment des mines de pétrole, dont le rapport est maintenant considérable. Au début, l'exploitation était accordée à des compagnies étrangères, sans que l'Etat leur demandât beaucoup de garanties. Il en résultait que beaucoup de compagnies s'abstenaient d'exploiter. Depuis, l'Etat roumain a pris à tàche d'intéresser les nationaux à l'exploitation de ces gisements ; en outre, il a voulu que les concessionnaires fussent obligés d'exploiter sous peine de révocation de leur concession ; ceux-ci doivent payer chaque année une somme fixe, et fairé participer l'Etat à leurs bénéfices nets dans la proportion de 11 o/o. De plus, il faut se servir des wagons de l'Etat. Enfin, pour éviter un accaparement, l'étendue du lot qui leur est attribué est délimitée de concert entre l'Etat et la compagnie concessionnaire. Celle-ci doit répondre d'un certain capital, proportionnel à l'importance de l'exploitation.

On ne peut donner une évaluation précise de la valeur de ces mines ; elles ne sont pas encore toutes connues et leur capacité de rendement est difficile à établir. Une commission, nommée par le ministère des Finances pour les étudier, n'a pas encore produit son rapport ; mais la preuve que leur valeur est considérable, c'est qu'en 1899, au moment de la crise financière, et quand le gouvernement était embarrassé pour solder son déficit, M. Rockfeller fit pour l'achat des mines de pétrole une offre de 200 millions que le gouvernement roumain déclina sagement.

Ainsi qu'il résulte de notre exposé, l'Etat roumain présente des garanties matérielles et morales telles qu'il peut inspirer confiance aux capitaux. Il a surmonté les plus hautes difficultés ; après être passé par la crise de 1899, au lieu de rester abattu, il n'a fait que se relever. L'agriculture se développe de plus en plus ; l'instruction commence à pénétrer dans la masse des paysans ; la culture intensive se pratique selon les méthodes scientifiques modernes. Enfin l'industrie naissante est appelée à un réel avenir. Nous voyons avec joie les progrès que nos efforts ont fait naître ; ce n'est pas être présomptueux que d'augurer de notre activité qu'elle fera bientôt de notre pays une Belgique orientale.

CHAPITRE IV

Les charges de la dette

Les dépenses, nécessitées par le service des annuités, ont suivi une marche progressive en Roumanie. Il ne faut pas s'en effrayer outre mesure ; ce n'est pas un phénomène spécial à notre pays, mais une loi générale. Partout les dépenses publiques se sont accrues, et la dette a augmenté.

En 1892, l'annuité n'était que de 60.896.065 francs, aujourd'hui elle se monte à 82.224.237 francs. Cette augmentation n'est pas particulière à notre budget ; elle se remarque aussi dans la plupart des budgets europééns. Dans le même intervalle, le service des annuités s'est accru en Allemagne de 33 millions de marks ; en Saxe de 10 millions de marks, au Wurtemberg de 2 millions de marks ; en Belgique de 7 millions de francs ; en Suède et en Norvège de 8 millions de couronnes ; en Russie de 38 millions de roubles ; en Autriche-Hongrie d'environ 35 millions de francs ; en Suisse de 2 millions de francs. En Angleterre le capital de la dette publique qui était en 1892 de 677 millions de livres sterling s'est élevé en 1902 à 748 millions, et les charges annuelles ont grossi depuis 1892 de 892.000 livres sterling. Si les charges paraissent s'être accrues davantage dans notre pays, proportionnellement aux autres Etats, cela tient à ce que la Roumanie était une nation neuve, où tout était à créer et où des sacrifices considérables s'imposaient pour donner une impulsion à l'activité agricole et industrielle nationale.

D'ailleurs les chiffres bruts en eux-mêmes n'ont aucune signification pratique. Il y a des gens qui, pour évaluer les charges de la dette, se contentent de faire une comparaison entre son montant dans les différents pays. D'autres calculent d'après la population et basent leur critérium sur la portion de la dette publique que doit chaque individu ; ils obtiennent ce résultat en divisant le total de la dette par le nombre des habitants du pays. Ainsi ils disent qu'un Roumain doit 225 francs, un Russe 141 francs et un Japonais 32 francs (avant la guerre russo-japonaise !) ; et en déduisent que nos charges sont le double de celles des Russes ; mais de pareils chiffres sont dépourvus de valeur et n'ont aucune portée scientifique. Il résulterait de ces appréciations fantaisistes qu'un Belge qui doit 355 francs, un Anglais qui doit 402 francs, et un Français 678 francs (*Economiste Européen*, 4 février 1899), sont dans une condition plus précaire qu'un Roumain ou qu'un Serbe, qui devrait 160 francs d'après les estimations de l'*Economiste*.

Il faut envisager l'état de la richesse publique ; c'est le seul critérium sur lequel il soit juste de s'appuyer. Nous allons voir pour la Roumanie à combien s'élève la richesse nationale d'après les estimations les plus récentes.

En 1902, M. Costinescu, alors ministre des Finances, présenta aux Chambres une évaluation de la richesse mobilière du pays qu'il faisait monter à la somme de 1.060 millions, en procédant de la manière suivante. Il écarta d'abord les emprunts à l'étranger et groupa ensemble les émissions des crédits foncier, rural et urbain, ainsi que la rente de l'Etat émise à l'intérieur du pays : ce qui représentait déjà un total de 535.085.912 francs, auquel il ajoutait pour atteindre le chiffre sus-indiqué le montant des émissions des actions des différentes sociétés fondées dans le pays, le montant des créances hypothécaires (en dehors de celles du crédit rural) et chirographaires des particuliers; le capital employé dans les entreprises ou disponible dans les banques et chez les particuliers. A cette évaluation de la richesse mobilière, M. Costinescu a ajouté le chiffre de 6.088.868.960 fr., qui, d'après lui, représente la richesse immobilière de la Roumanie. Il a pris comme point de départ de son calcul le revenu de la propriété foncière, évalué d'après le rôle des contribuables, et il a capitalisé celui-ci au denier vingt. Il a ainsi obtenu la richesse globale de 9.148.868.900 francs.

Sans doute de tels calculs ne présentent qu'une vérité approximative ; et, pas plus en Roumanie que dans d'autres pays, ils ne sauraient donner une entière précision. Ainsi en France les évaluations de la richesse, pour la même année, ont pu varier de 500 milliards d'après Elisée Reclus, un savant de premier ordre, à 250 milliards d'après Yves Guyot, à 240 milliards d'après Vacher, et à 200 milliards d'après M. de Foville. Aussi les chiffres de M. Costinescu ne peuvent-ils être assurés d'une rigoureuse exactitude ; quelques-uns d'entre eux, comme les 140 millions qui, d'après lui, représentent les emprunts chirographaires, et les 150 millions de numéraire disponible dans les banques et employé dans les entreprises ne sont pas basés sur des recherches précises ni des statistiques véridiques. D'un autre côté, l'évaluation du capital immobilier est inférieure à la réalité, car le revenu présumé par les estimations du rôle est toujours au-dessus du revenu réel, attendu que celles-ci procèdent des déclarations spontanées du contribuable, assisté d'un expert, qui ne jouissait souvent que d'une indépendance limitée.

M. Costinescu a en outre omis d'évaluer les biens improductifs qui font partie du domaine public et qui toujours sont considérés comme une richesse nationale, tels les routes, les squares dans les villes, les places publiques, les églises, etc. En France, on les estime à 13 milliards.

Il n'a pas davantage tenu compte du domaine productif de l'Etat, composé des mines, des forêts, des terres arables et de notre réseau de chemins de fer.

Sans exagérer le montant de notre richesse, on peut l'estimer à un total de 12 milliards, en nous inspirant des chiffres de M. Costinescu corrigés des lacunes qu'ils présentaient.

Comparons maintenant notre richesse et notre dette avec la richesse et les dettes de quelques autres pays. Nous rappelons que notre dette est d'environ 1.400.000.000 de francs ; la proportion entre elle et notre fortune nationale dépasse donc le neuvième.

Si nous nous livrons au même calcul pour la France, en prenant les évaluations de M. de Foville pour établir le total de sa richesse, soit 200 milliards, et en lui opposant sa dette de 30 milliards, nous obtenons une proportion qui dépasse sensiblement le septième. De cet état comparatif, il résulte que notre pays est moins obéré que la France. En Belgique, où le capital national est de 35 milliards d'après les calculs de Graux et sa dette de 2.900 millions ;

la proportion ne serait que du onzième, mais la Belgique est un des pays les plus riches du monde. En Hongrie, au contraire, d'après les calculs de l'économiste Inama Sterneg, faits en 1892, le capital était de 23 milliards ; si nous admettons que depuis cette époque il eût augmenté de 50 o/o, nous arrivons au chiffre de 34 milliards. Sa dette actuelle est de 5.426 millions : cela fait une proportion, légèrement au-dessus du sixième.

De toutes ces observations, nous concluons que la dette de notre pays n'a rien d'excessif. Mais il nous reste un autre point de vue à envisager ; il faut étudier la part qu'occupe le service des annuités dans l'ensemble de notre budget, comparativement aux pays étrangers. Ainsi le budget de la Roumanie durant l'année 1904 s'est élevé à 234.947.212 francs ; et les annuités de la dette publique à 85.881.741 fr., ce qui établit une proportion de 33,86 o/o. La comparaison avec les autres pays nécessitera une rectification pour être exacte, car au budget des Etats, qui exploitent eux-mêmes leurs chemins de fer, figure le produit brut des recettes et non le produit net, comme chez nous. Il est nécessaire d'inscrire au nôtre le produit brut, si l'on veut parvenir à une comparaison juste. Notre budget, ainsi modifié, s'élève alors en 1904 au total de 274.659.724 francs et la proportion que nous avions indiquée tombe à 31,25 o/o. Le tableau suivant montrera la situation respective des différents Etats européens.

Pays	Exercice budgétaire	Budget général	Dette publique	Annuités de la dette	Proportion des annuités par rapport à l'ensemble du Budget
L'Espagne...	1903	969.337.258	10.410.180.974	416.531.886	43
Le Portugal.	1903-1904	225.262.680	4.132.413.125	97.525.791	38.25
L'Italie	1903-1904	1.817.921.471	12.814.090.230	592.862.934	32.60
La Grèce....	1903	75.722.448	562.989.159	23.098.515	31.50
La Roumanie.	1904-1905	274.659.724	1.359.927.235	85.881.741	31.25
La France...	1903	3.680.568.047	30.345.629.029	929.029.904	25.20
La Hongrie..	1902	1.152.276.180	5.426.331.525	272.600.924	23.70
La Belgique.	1903	506.342.470	2.879.394.050	119.419.261	21.80
L'Autriche ..	1903	1.890.240.858	9.610.463.931	382.539.729	20.80
L'Angleterre.	1903	4.612.092.700	18.998.581.825	675.622.600	14.65

De ce tableau il semble résulter que nous nous trouvons dans une condition assez fâcheuse et toute voisine de celle de l'Espagne ou du Portugal ; ce ne sont là que des apparences, car il est indispensable de rappeler que nos annuités ne comprennent pas seulement le service des intérêts, mais qu'elles correspondent à un très gros amortissement ; une somme de 22 à 25 millions est destinée à l'amortissement ; et un chiffre si élevé, dans chaque budget, toutes proportions gardées, ne se rencontre pas dans les autres Etats. Si l'on opérait la défalcation de cette dernière somme, notre proportion ne serait que de 21 o/o et n'aurait donc rien d'exagéré.

Nous devons maintenant regarder combien pèsent les charges budgétaires sur le pays, et nous verrons si les impôts, nécessités en partie par l'augmentation de la dette, ne grèvent pas trop lourdement les contribuables. Les dépenses, qui ont été en 1904, comme nous l'avons déjà dit, de 234.947.212 francs, ont été couvertes en partie par les revenus du domaine privé de l'Etat et par le produit net des chemins de fer, dont l'addition produit le chiffre de 50 millions ; et c'est le restant seulement, soit 184 millions environ, qui a été prélevé sur la fortune des particuliers sous forme d'impôts. Si nous retranchons du montant de la richesse globale du pays, qui est de 12 milliards, environ un milliard et demi, représentant la fortune privée de l'Etat, nous trouvons que l'ensemble des biens appartenant aux Roumains s'élève à 10 milliards et demi. Le rapport entre ce capital et les 184 millions perçus par l'impôt est d'environ 2,1 o/o. En France, il était de 1,6 o/o en 1897. La richesse de la France était estimée à 214 milliards d'après Turquan, et le budget de l'Etat à 3.400 millions. En Hongrie, il est de 3,2 o/o, d'après une richesse estimée à 32 milliards et un budget de 1.100 millions.

Depuis trente ans, nos dépenses budgétaires ont suivi une progression ininterrompue. Le phénomène n'est pas spécial à la Roumanie, et il s'observe dans tous les pays du monde ; il serait erroné de croire que les charges du contribuable augmentassent parallèlement. Si ces impôts atteignent un chiffre plus élevé, sa fortune se développe aussi ; la richesse nationale s'accroît. Nous avons déjà émis cette idée à propos des chemins de fer, dont la création a contribué à favoriser l'essor agricole et commercial du pays. La valeur vénale et locative de la propriété foncière a quadruplé dans cette période, grâce aux dépenses productives, qui ont été opérées et à la mise en pratique de la culture intensive ; or les impôts n'ont pas augmenté dans la même proportion, ce qui, à un point de vue relatif, peut être considéré comme une diminution. Cette situation prospère ne se rencontre pas dans tous les pays ; et nous pourrions citer en France telle région de la Normandie où, tandis que les impôts ont toujours eu une tendance à croître, la valeur vénale et locative des terres a baissé du tiers depuis vingt-cinq ans, ce qui constitue une augmentation relative de l'impôt foncier vraiment considérable.

Il y a des gens qui soutiennent néanmoins que nous sommes arrivés aux limites que l'impôt ne saurait dépasser sans nuire au libre développement économique de l'Etat. Cette objection est dénuée de fondement, et nous pouvons la réfuter par les considérations suivantes : d'abord nous avons précédemment montré comment la pratique de l'épargne était née dans les campagnes en ces dernières années. Ces économies réalisées par les paysans nous prouvent que l'impôt est loin d'absorber toutes leurs ressouces. Elles se sont élevées de l'année 1903 où elles atteignaient 27.680.000 à 43.376.000 francs en 1905.

Nous avons vu aussi qu'en la seule année 1904, 598 banques populaires ont été créées formant un chiffre aussi fort que celui des banques alors existantes. Leurs capitaux ont augmenté dans de très notables proportions.

Mais nous possédons encore un témoignage plus éclatant de la progression de la richesse, qui nous est fourni par l'augmentation du rendement des impôts indirects. En 1885, ils atteignaient le chiffre de 55 millions ; en 1895, celui de 103 millions et celui de 123 millions en 1904-1905, année dont la récolte agricole fut cependant assez mauvaise. Le budget du pays présente donc toute l'élasticité désirable : et aucun symptôme ne manifeste d'une pression trop dure opérée par les impôts sur le peuple.

Enfin les contribuables acquittent leurs taxes sans protestation ni retard. Les saisies sont tout à fait exceptionnelles. On remarque une réelle bonne volonté de participer aux charges nationales. Le patriotisme roumain ne discute pas l'utilité des dépenses reconnues par un gouvernement qui possède sa confiance.

En résumé, les charges de là dette ne sont pas trop grosses, si on compare la situation financière de notre pays à celle des autres Etats, et si d'autre part on considère la plus-value très sensible qui a été donnée à notre fortune par les sacrifices qu'a dû consentir le gouvernement pour fortifier l'activité économique de la nation. Nos emprunts n'ont pas été stériles. Nous allons dans notre conclusion spécifier brièvement l'essor qu'a réalisé notre pays grâce à sa politique économique et à sa prudence audacieuse, si ces deux mots antithétiques peuvent s'accorder, que notre administration financière a suivies, en ne craignant pas d'émettre des emprunts élevés, mais en sachant les employer avec discernement à des œuvres généralement d'une utilité incontestable.

CONCLUSION

Il ressort clairement de notre thèse qu'une grande
partie de nos emprunts a été employée à la construction de travaux publics, à la création de routes, de
voies ferrées et de ponts, ainsi qu'à la formation de
fermes modèles et au subventionnement de sociétés
de crédit, pour faciliter aux paysans l'exploitation
de leur sol. Peu à peu, grâce à ces mesures, les terrains se sont défrichés ; les marais ont été mis en
valeur, et, comme ils constituaient des terres de
première qualité, leur rendement a donné presque
aussitôt des bénéfices considérables. Ainsi la valeur
de la propriété a quadruplé et même sextuplé dans
certaines régions. Le rendement du blé à l'hectare
dans les campagnes de Moldavie a atteint une
moyenne de 21 hectolitres ; sur les rives du Danube
19,5 ; dans les Carpathes de Moldavie 18,3 et dans
les Carpathes de Valachie 14,5, ainsi qu'il résulte
des statistiques fournies pour l'année 1905, qui fut
une année mauvaise.

Notre commerce a suivi aussi une progression

ascendante ; mais il est difficile de tracer un tableau exact des exportations et des importations, parce que nous ne possédons pas de commissions spéciales permanentes pour établir chaque année la valeur des marchandises ; mais nous avons au cours de notre étude suffisamment insisté sur notre développement commercial et industriel, et nous nous sommes efforcé de montrer le progrès réalisé à cet égard. Nous avons signalé l'influence économique que pouvaient présenter les tarifs d'exportation avantageuse, dont bénéficiaient nos marchandises, depuis que l'Etat exploitait lui-même les chemins de fer.

Si notre impartialité, exempte de parti-pris, nous a autorisé à un optimisme à peu près continuel, et si presque toujours nous avons approuvé la politique financière qui a été suivie en Roumanie depuis trente ans, nous voulons pourtant nous livrer à quelques observations nécessaires à compléter notre pensée. Nous ne prétendons pas cacher systématiquement que la charge de notre dette ne soit assez lourde, mais nous estimons que des sacrifices s'imposaient pour assurer l'essor définitif d'une nation jeune, et qu'il eût été insensé sous prétexte d'économies aveugles, de refuser à notre patrie les crédits indispensables à sa prospérité. Pour moissonner, il fallait semer ; et le geste auguste du semeur qui ouvre la main était plus fructueux que ne l'aurait été le mouvement pour la fermer. A une industrie privée, il faut des capi-

taux si l'on veut perfectionner l'outillage, multiplier
la production en diminuant les frais généraux. A
un Etat il en faut également, quand on désire donner
une rapide impulsion à la vie économique de la
nation. Donc nous trouvons heureux ce qui a été
fait ; nous nous félicitons des efforts qu'ont soutenus
les contribuables.

Mais nous pensons que la majeure partie des dépenses a été réalisée. Nous convenons que si l'heure de
la moisson est arrivée il ne faudrait pas la retarder par
de nouveaux emprunts, par des charges nouvelles,
dont l'objet serait moins utile. Nous avons eu de
l'audace, qui a engendré de bons résultats : ayons
maintenant de la prudence. Nos amortissements
pèsent lourd dans notre budget : il ne convient pas
qu'ils soient un trompe-l'œil perpétuel, et qu'à
l'avenir si l'on rembourse cent, on emprunte deux
cent. Autant mérite l'éloge une politique qui, loin
d'être timorée et de se complaire à un budget rata-
tiné, exempt d'emprunts, ose demander au peuple des
sommes lourdes, dans l'espérance de les faire fruc-
tifier et de contribuer ainsi à l'enrichissement général,
autant vaudrait le blâme une gestion inconsidérée,
éparpillant les capitaux sans réflexion en gaspillages
improductifs. L'avarice irréfléchi des économies stériles est déplorable ; les folles prodigalités sont désastreuses ; entre ces deux maux opposés il y a place
pour des traditions saines et raisonnées grâce aux-

quelles les richesses non seulement se perpétuent de
générations en générations, mais s'augmentent, se
multiplient. Ainsi le peuple grandit vers le progrès
et la civilisation. Les pères lèguent à leurs fils plus de
bien-être, plus d'intelligence et moins de misères.
Nous ne voulons faire ni socialisme, ni sentimenta-
lisme, mais nous reconnaissons la nécessité d'une
marche ascendante vers un idéal social ; nous croyons
que les hommes, à quelque sphère qu'ils appartien-
nent, gagnent à s'élever vers un but déterminé. Nous
ne considérons pas la richesse comme un mal ; nous
ne voulons pas fixer nos regards sur les êtres flétris
par une cupidité insatiable, par cette soif dévorante de
l'or qui brûle chez eux tout sentiment d'honnêteté.
Nous préférons voir dans le développement des
richesses la récompense d'un travail, par lequel la
vie acquiert une dignité et un prix inestimables.

Certes, nous savons que la répartition des richesses n'obéit pas à des lois de justice parfaite, mais
nous n'avons nullement l'intention d'envisager ce
point. Il sort des limites de notre sujet. Aussi bien
nous croyons que la pratique de la science et le
développement de l'instruction nivelleront un jour
davantage les fortunes ; et nous sommes convaincu
que le bonheur peut habiter dans la demeure d'un
paysan, lorsque, sa moisson terminée, ses impôts
payés et ses fermages acquittés, il compte ses bénéfices nets, avec lesquels il achètera le lopin de terre

convoité. Il convient donc que l'Etat aide les citoyens à accroître la production des richesses. L'impôt ne doit pas être un bâillon qui étouffe, mais une obligation nécessitée par le besoin d'assurer l'indépendance nationale et de stimuler l'activité économique.

C'est pourquoi les amortissements sont indispensables. Le service perpétuel d'emprunts, ayant servi à des travaux maintenant improductifs, devient une gêne pour les finances de l'Etat et un obstacle à réaliser d'autres travaux d'une utilité actuelle, d'un intérêt immédiat.

Il ne faut jamais qu'il y ait antinomie entre l'Etat et les particuliers : l'Etat ne doit être ni un bourreau ni un maître, mais un guide éclairé et consciencieux. L'organisme national est un corps, dont le gouvernement, qui représente l'Etat, est la tête. Se représente-t-on un crâne hydrocéphale, difforme et privé de pensées, subsistant sur un corps rachitique ? C'est l'image de ces pays où le souverain sacrifiait les intérêts vitaux aux siens propres. Ces monstres disparaissent aujourd'hui du monde. Les gouvernements ont des devoirs et des responsabilités dont ils ont pleine conscience. Ils se trompent parfois, soit que, concentrés dans une seule main, ils fassent preuve d'un despotisme mal avisé et ruineux, soit qu'ils s'épuisent en luttes politiques, en rivalités religieuses, au détriment des intérêts financiers et économiques.

Ceux-ci sont aujourd'hui primordiaux, comme nous l'avons précédemment démontré. Ainsi que le disait un homme d'Etat français : « Donnez-moi de bonnes finances, et je vous ferai de bonne politique. » Tout réside en effet dans la gestion financière, considérée à la fois au point de vue objectif des nécessités économiques et au point de vue subjectif des ressources nationales. C'est le double aspect à envisager parallèlement.

Si donc en Roumanie nos taxes ont pesé un peu sur la population, c'est que nous voulions donner à la nation un essor, sans lequel elle serait demeurée dans un engourdissement fatal. Aujourd'hui elle s'éveille à la lumière des civilisations occidentales et ses richesses vont s'accroître désormais rapidement. Les emprunts qui ont servi à réaliser cette situation s'amortiront d'ici quarante ans. Il ne faut leur en substituer d'autres que dans les limites où ils seront vraiment nécessaires à parachever l'œuvre entreprise. Le perfectionnement du crédit s'impose par une sage gestion. Il convient que nous cessions d'être tributaires de l'étranger dans la proportion où nous le sommes encore. Il serait bon d'apporter aux paysans une aide fructueuse.

Beaucoup de terres ont été partagées entre eux, mais tous ne possèdent pas les moyens de les mettre en valeur. Ce doit être le souci des gouvernements de demain de leur faciliter cette tâche. Certes, des sacrifices seront encore nécessaires ; mais il n'est pas impossible de les tenter, en les échelonnant sur une période de temps suffisamment longue, selon une certaine célérité modérée par une mesure rationnelle.

N'obéissons à aucun élan nerveux ; ne faisons rien d'intempestif ; accordons un soin vigilant à l'administration de nos finances ; ne compromettons pas les résultats acquis par des dépenses stériles et préparons-en d'autres, plus décisifs encore, par la continuation d'une sage politique, et sachons enfin nous attirer la sympathie et le respect des autres nations grâce à notre probité, à nos efforts incessants et à notre clairvoyance.

Profitons de la sécurité que nous procurent l'équilibre européen et les rivalités jalouses des puissances pour nous développer dans la paix et le travail, ces deux conditions de la grandeur d'un Etat moderne, loin des vaines agitations, des somnolences dangereuses et à l'abri des gaspillages qui mènent à la banqueroute et à l'anéantissement.

BIBLIOGRAPHIE

Alglave (E.). — Cours de Science Financière. Les Emprunts, (1903-1904).

Aslan. — Finances de la Roumanie.

Boucard et *Jèze*. — La Science des Finances.

Braescu. — La conversion de M. Tache Ionescu.

Carp (P.). — L'Ère nouvelle (Bucharest, 1888).

Cauwès. — Economie politique.

Collection du Moniteur Officiel et des débats parlementaires. (Bucharest).

Cuchewal-Clarigny. — Essai sur l'amortissement et les Emprunts d'Etat.

Debidour. — Histoire diplomatique de l'Europe.

Damé (Fred.). — Histoire de la Roumanie Contemporaine.

Exposé de la situation du Trésor (Ministère des Finances. Bucharest).

Gide (Charles). — Economie politique.

Leroy-Beaulieu (Paul). — Traité de la Science des Finances.

Ionescu Tache. — Discours politique. Bucharest.

Maiorescu (T.). — Discours parlementaire. Bucharest, 1898.

Neymarck (Alf.). — Les Finances contemporaines.

Olanescu. — Conversion de M. T. Ionescu.

Rafalovich (St.). — Le marché financier.

Rapport général sur le budget de l'Etat roumain. Arion.

Revue Economique et financière. Bucharest, 1904:

Revue trimestrielle de Droit civil, n° 1 de 1906.

Say (Léon). — Les finances de la France.

Seignobos (Ch.). — Histoire politique de l'Europe contemporaine, 1814-1896.

Staicovici. — L'année 1905 au point de vue économique et financier.

Stourm (R.). — Le Budget.

Stourza. — Europe, Russie, Roumanie (Bucharest, 1890).

Trente ans du règne du roi Charles (Bucharest, 1897).

Xenopol. — Histoire de la Roumanie.